ILÍADA& ODISSEIA

Ilíada & Odisseia (Clóvis conta a história)

3ª edição: Dezembro 2025

Autor:
Clóvis de Barros Filho

Revisão:
Gabriel Silva
Daniela Georgeto

Projeto gráfico e diagramação:
Vitor Donofrio (Paladra Editorial)

Capa:
Rafael Brum

Impressão:
Plena Print

DADOS INTERNACIONAIS DE CATALOGAÇÃO NA PUBLICAÇÃO (CIP)

Barros Filho, Clóvis de
Ilíada & Odisseia
/ Clóvis de Barros Filho. — Porto Alegre : Citadel, 2025.
288 p. (Coleção Clóvis conta a história)

ISBN 978-65-5047-585-7

1. Literatura brasileira 2. Literatura grega – Reflexões
I. Título II. Série

25-0150 CDD B869

Angélica Ilacqua - Bibliotecária - CRB-8/7057

Produção editorial e distribuição:

CITADEL
Grupo Editorial

contato@citadel.com.br
www.citadel.com.br

CLÓVIS DE
BARROS FILHO

SELEÇÃO ESPECIAL 2 EM 1

ILÍADA & ODISSEIA

CITADEL
Grupo Editorial
2025

CLÓVIS
CONTA A
HISTÓRIA

SUMÁRIO

CLÓVIS CONTA A HISTÓRIA DE *ILÍADA*

CLÓVIS CONTA A HISTÓRIA DE *ODISSEIA*

CLÓVIS CONTA
A HISTÓRIA DE

ILÍADA

CAPÍTULO 1

MELHOR DEIXAR PARA O OUTRO

Era dia de casamento. E dos grandes. A festa estava marcada para o Olimpo, local de residência de alguns deuses do alto escalão. E seria organizada pelo próprio Zeus, o chefe de todos eles.

A noiva era Tétis. Uma deusa muito importante. E o noivo, Peleu – um humano. Mortal como você e eu.

– Por que uma deusa tão importante se casaria com um reles humano? – você pergunta, meio por perguntar.

Eu sei lá. Por que deveria saber? Talvez porque gostasse dele, uai.

Talvez o tal Peleu fosse um cara legal. Quem sabe não fosse dotado de algum atributo atrativo. Algum talento que o tornasse sedutor. Sensibilidade artística. Veia poética. Alma musical. Retórica apurada. Fica por sua conta.

De qualquer forma, nada disso era propriamente imprescindível.

É sempre bom lembrar que, em tempos tão antigos, o casamento por amor não era nada comum. E se houvesse algum amor, este quase nunca bastava para dar causa à união entre duas pessoas.

Os enlaces matrimoniais resultavam de entendimentos entre os noivos, por certo, mas sobretudo entre familiares, pessoas poderosas e até deuses, eventualmente interessados naquela união.

Vale lembrar, assumindo o risco de afogar no óbvio, que a passagem do casamento arranjado por outros – norma organizadora da vida familiar por toda a Antiguidade, Idade Média e parte dos tempos modernos – para o casamento por amor e deliberado pelos próprios cônjuges representou, na história dos costumes, uma verdadeira revolução em muitos aspectos da existência humana.

A história que nos toca contar tem sua origem muitos séculos antes dessa grande mudança. Assim, a união de Tétis e Peleu foi articulada pela mais alta cúpula do mundo dos deuses. Atendia ao interesse de ninguém menos do que o próprio Zeus.

De fato. Diziam à boca miudíssima, pelas esquinas escuras daquele lugar, que o maior dos deuses queria, com o tal casamento, evitar um romance entre ele próprio e a noiva, por quem tinha grande atração.

Disso ninguém tinha dúvidas. Zeus arrastava um caminhão por Tétis e o Olimpo todo sabia. Mas você pode imaginar a saia justa. Tratando-se de figura tão colossal, o melhor era não ser visto com muito diz--que-me-diz. Afinal, deuses, acreditava-se, sabem de tudo que se passa.

E você, intrigado, pergunta:

– Mas se Zeus estava a fim da noiva, por que arrumar o casamento dela com outro?

Porque um adivinho havia previsto que de uma eventual união de Zeus e Tétis nasceria aquele que acabaria por destroná-lo.

Os adivinhos tinham muito prestígio naqueles tempos. Eram respeitados e o que diziam tinha grande impacto nas decisões pessoais e políticas. Mesmo em se tratando de um deus como Zeus.

Ainda hoje adivinhos fazem todo tipo de previsões. Com destaque para viradas de ano, pleitos eleitorais e grandes embates esportivos. Mas suas intervenções contam com menos legitimidade e a desconfiança de muita gente.

Zeus sabia muito bem que aquela previsão era bastante razoável e nada absurda. Até porque havia precedentes bem próximos. Ele mesmo destronara o pai, Cronos, em guerra devastadora, trancafiando-o, para sempre, nas profundezas do Tártaro.

E este, por sua vez, amputara o membro de Ouranos, avô de Zeus. Como você pode observar, não se tratava simplesmente de tomar o poder do pai. E, sim, de fazê-lo com contundência máxima, ferocidade espumante e navalha afiada.

Por isso mesmo, Zeus, que não tinha uma única célula de tonto, achou melhor se precaver. Não havia bimbada que valesse aquele risco. Não foi nada fácil para ele, acostumado a conseguir sempre tudo o que desejava. Mas acabou por se convencer de que não deveria ter intimidades com Tétis. De jeito nenhum.

E, para cortar o mal pela raiz, arranjou tudo para que a sedutora deusa se casasse com o charmoso Peleu.

– Como você sabe que ele era charmoso?

Lá vem você com as suas perguntas. Se a beleza ainda reclama uma certa concordância entre os seus avaliadores, o charme é coisa de cada um. Se ninguém mais o considerava charmoso, para mim era. Sempre foi. E tenho dito.

Zeus pretendia, assim, matar dois coelhos com uma só cajadada. De um lado, estando Tétis casada com tanto estardalhaço, seria mais fácil resistir à tentação de cortejá-la. Muito embora saibamos bem que Zeus, quando queria, não se intimidava com esses detalhes de mulher casada.

De outro, casando Tétis com um humano, joga para o mundo dos mortais essa rixa entre os mais velhos detentores do poder e os mais jovens aspirantes ao poder.

Desse modo, o conflito entre gerações deixaria o mundo dos deuses e se restringiria ao mundo dos humanos. Para estes, o problema seria muito menor. Como vivem vidas finitas, parece bem natural, pelo próprio fato de os mais velhos morrerem, serem substituídos pelos mais jovens.

Estava interrompida, a partir daquele momento, a sina de filhos deuses enfrentarem os pais. Entre eles, nada de deixar o lugar aos mais jovens.

* * *

Só se falava daquele casamento em toda a superfície habitada de Gaia, a deusa Terra. A festa prometia ser grandiosa. E todos gostariam muito de ser convidados.

Capítulo 2
De bicão

Zeus tinha definido, ele mesmo, a lista de convidados. Fez chegar-lhes os convites por intermédio de Hermes, seu filho e mensageiro do Olimpo.

Desse modo, figurar nessa lista indicava o apreço do "maior de todos" pelas divindades em voga, bem como o prestígio – ou o capital social – do humano lembrado.

Se um indivíduo qualquer, por maior que fosse seu reconhecimento, viesse a ser esquecido para a boda, sua legitimidade se esfarelaria como broa amanhecida.

Eis o caso de Éris, deusa da discórdia, do ódio e da vingança. Zeus não a convidou. "Esquecera-se" dela, se é que você me entende. Desses esquecimentos que a divindade maior até anotou com zelo, para não esquecer de se esquecer, de jeito nenhum. Ele intuía que numa celebração de casamento seria melhor evitar a presença de uma especialista em discórdia.

As rusgas num relacionamento trivial de casal já são suficientemente perturbadoras da paz dos cônjuges. De modo que Tétis e Peleu, os noivos da ocasião, não precisavam de um adicional divino de desavença. Sobretudo logo na festa do casamento.

Mas Éris, como era de se esperar, não gostou daquele esquecimento. Odiou não ter sido convidada. Sentiu-se muito ofendida. Era, para ela, uma afronta. Uma desonra. Um rebaixamento. E, como boa deusa da discórdia, não ia deixar barato. Decidiu, então, comparecer mesmo sem convite. Entrar de penetra, como se dizia.

Éris preparou-se para fazer jus à sua divindade. Como deusa da discórdia, compareceu para provocá-la e um pouco mais. E o faria com esmero e eficácia.

Claro que, se desse para regozijar um mucadinho com as intrigas provocadas e com a degustação das melhores iguarias, não lhe faria mal algum.

Ao chegar, aproveitou-se da frouxidão do controle de entrada. Com efeito, não passou pela cabeça de ninguém que algum deus ou humano, fosse quem fosse, tivesse a audácia de pleitear entrada sem convite num evento organizado por Zeus.

Desse modo, não houve resistência alguma à chegada de Éris.

E a deusa da discórdia chegou chegando, como dizem no bar. Sem perder tempo, aproximou-se da mesa principal da festa e deixou no centro uma maçã de ouro maravilhosa, sublime. Uma joia que chamou imediatamente a atenção de todos.

Aquela maçã fazia parte do Jardim das Hespérides. Um jardim mágico guardado por Atlas. Algum leitor ou leitora se lembrará dele, citado nos trabalhos de Hércules. Uma das tarefas do grande herói foi a de se apoderar de algumas dessas maçãs.

Pois bem. Foi uma delas que Éris deixou sobre a mesa. E nela constavam os dizeres: "Para a mais bela". Tratava-se, portanto, de um presente cujo destinatário não fora completamente explicitado. Podendo, desse modo, ser reivindicado por várias das convivas.

A aposta da outorgante era óbvia: várias pretendentes à maçã se apresentariam. E a definição da mais bela, legítima agraciada com aquela joia, suscitaria desentendimento e conflito.

Éris contava com a vaidade. A vaidade divina e feminina. Sabia que muitas ali presentes se achavam maravilhosas. Gozava, por antecipação, ao imaginar aquelas deusas a trocar tapas e insultos pela posse da esplendorosa maçã.

E não deu outra. O plano saiu melhor que a encomenda. Para quem veio semear a discórdia pensando só em bate-boca de deusas, não podia imaginar que a disputa por aquela maçã desencadearia uma das guerras mais violentas da história do imaginário humano.

É só conferir.

Capítulo 3
Lindinha da vovó!

Zeus não tinha piscado três vezes seus argutos olhos e já se ouvia por toda parte, no buchicho das conversas, a especulação contida sobre quem seria a dona da linda maçã de ouro que brilhava no centro da mesa.

– Parece que é um mimo que alguém trouxe para a mais bela da festa – respondeu alguém em voz elevada e segurando uma taça já vazia.

Mas quem seria a mais bela daquela festa? Como identificá-la? Como avaliar a beleza de uma deusa ou de uma mulher? Como comparar as distintas belezas?

A dificuldade em responder a essas perguntas tornava a escolha pouco óbvia e, portanto, passível de contestação. Cenário ideal para Éris, que só estava mesmo à espera de confusão.

De fato. Fosse aquela joia destinada à mulher mais alta, ou à mais velha, não haveria dificuldade. Tampouco à mais nariguda. Ou mesmo à mais pesada ou à de ancas mais largas. São atributos fáceis de medir e de comparar. Mas a beleza não é assim.

Ante a presença de tantas deusas de sublime beleza, a maioria das convidadas, ciente de suas limitações estéticas, nem ousou se manifestar.

Já outras, com mais elevada avaliação de si, chegaram a cogitar serem elas as destinatárias da maçã. Mas, receosas de ver suas crenças de identidade desautorizadas explicitamente, em situação tão solene, também ficaram quietas.

De fato, o risco era grande. Para os antigos, tomar-se por mais do que realmente se é constituía uma grande falta. Mais grave do que nos dias de hoje, em que o blefe sobre as próprias qualidades é mais tolerado e, em alguns universos, até esperado ou presumido.

Em antigas eras, entendia-se por "ter grandeza d'alma" ser efetivamente elevado, avaliar-se como tal e, por isso, esperar tratamento à altura.

Você, leitora ou leitor, consegue imaginar o desconforto, em tempos de Zeus e na sua presença, de uma candidatura à mais bela da festa ser seguida de comentários desairosos como "Tá se achando!", "Você não tem noção?", "Quem pensa que é?", "Sai daí, lindinha da vovó!", ou ainda, mais para o fim da balada, um "Cai fora, mocreia, que não é para o seu bico!".

Por todo esse risco, só três deusas sentiram-se em condições de manifestar a sua pretensão de ser a destinatária da maçã. Eram todas elas sublimes e do primeiríssimo escalão do Olimpo.

A primeira a se candidatar foi Hera (Juno para os romanos), deusa do casamento e da família, mulher de Zeus e anfitriã do evento; a segunda, Atena (Minerva para os romanos), deusa da guerra e filha de Zeus; e a última, Afrodite (Vênus para os romanos), deusa do amor e tia de Zeus.

Perceba que nem mesmo a noiva Tétis, dona da festa e tão cobiçada por Zeus, ousou reivindicar para si a maçã.

Que a leitora e o leitor se deem conta da dimensão da disputa. A parada seria decidida entre a mulher de Zeus, a sua filha e a deusa do amor.

Como uma semifinal da Champions League (campeonato que reúne os melhores times de futebol da Europa) entre Bayern de Munique, Real Madrid, Manchester City e Liverpool.

O resto já caiu fora.

A partir de então, só haveria duelos entre gigantes. Luta de cachorro grande. Toda partida é osso. Tanto para uns quanto para outros.

As três, repletas de autoconfiança, consideravam mais do que óbvia a própria vitória. Desse modo, solicitaram ao deus supremo que as indicasse, de uma vez, como a mais bela e, portanto, a legítima proprietária daquela maçã de ouro.

Zeus mostrou-se hesitante. Causando algum receio junto às candidatas.

– Vamos! Cabe a você dizer, de uma vez por todas, quem é a mais bela dentre nós!

Zeus entraria numa fria se fosse ele a decidir. Gato escaldado em relacionamento com deusas, e também com humanas, sabia bem que só a escolhida ficaria feliz. E que as outras duas fariam da sua vida um inferno, por um bom tempo. Por isso, decidiu que outro realizaria aquele julgamento em seu lugar.

E foi assim que trouxeram um jovem, de rara beleza, é bom que se diga, encontrado um pouco ao acaso, para decidir aquela parada. Seu nome era Páris. Mais tarde, descobririam tratar-se de um príncipe, filho do rei Príamo, da cidade de Troia.

Cada candidata tentou corrompê-lo como pôde, oferecendo-lhe o que tinha à mão em troca daquela indicação. Hera, a esposa de Zeus, faria dele um rei. Atena, filha de Zeus, prometeu convertê-lo num sábio. Ou num guerreiro invencível, segundo outros relatos. E Afrodite, tia de Zeus, deusa do amor, o converteria num irresistível conquistador de corações.

– Se você disser que eu sou a mais bela, te concederei um charme irresistível. E você terá em seus lençóis, completamente apaixonada, a mulher que quiser.

A leitora e o leitor terão percebido que Páris acabou por identificar a mais bela por meio de um critério paralelo, que nada tinha a ver com a beleza. Sua decisão recaiu sobre a contrapartida que lhe pareceu mais interessante.

Tratava-se de um adolescente. Transbordando hormônios. Louco por intimidades. Portanto, não teve muitas dúvidas. No instante em que foi instado a dar o seu veredicto, revelou na lata qual das três deusas era para ele a mais bela e, doravante, legítima dona da maçã de ouro.

A deusa do amor, claro.

Afrodite.

Capítulo 4
Xaveco divino

A deusa do amor, eufórica com a vitória e a maçã, honrou sua promessa. Desse modo, Páris tornou-se divinamente irresistível. Estava em condições de seduzir a mulher que quisesse.

E escolheu Helena, rainha de Esparta e mulher de Menelau, como alvo único do seu galanteio divino.

A certeza do sucesso era tal que nas conversas entre a deusa e o príncipe não se falou em plano B. A vítima seria Helena ou Helena.

E então a leitora, ou o leitor, levanta a mão e pergunta:

– Vem cá! Por que Páris foi assediar justo essa mulher, casada e esposa do rei de Esparta? Não havia nas imediações ninguém, digamos, mais disponível para ele testar seus dotes de galanteador afrodisíaco?

Ter, com certeza, tinha. Ou melhor, haver, com certeza, havia. Para andar em conformidade com o vernáculo.

O problema, meus queridos, é que Helena não era uma mulher comum. Ela exercia um enorme fascínio sobre todos que a encontravam. Não à toa, era considerada a mais bela mulher do mundo. Isso mesmo. A mais bela. Havida, havente e por haver. Só isso.

E, nesse ponto, temos que concordar com o príncipe de Troia. Se ele tinha nas mãos tão poderosa arma, que lhe fora outorgada por tão poderosa deusa, não faria sentido nenhum gastá-la com um alvo qualquer. Desses que poderiam ser atingidos com qualquer bodoque mais calibrado.

Entendeu agora?

Como diria dona Nilza, minha mãe, tempos atrás: ele não deixou por menos.

Acreditem, leitora e leitor. Apesar de Helena e Menelau constituírem um casal feliz, estabelecido, esteio da sociedade espartana, a iniciativa de Páris fez lembrar faca quente em contato com manteiga. Não lhe foi preciso nenhum esforço para seduzir a rainha.

Caso você esteja indignado com a atitude de Helena, procure entender melhor o que se passou.

Não estamos falando de um cenário definido em condições normais de temperatura e pressão. Desses que nos são tão familiares, em que um dos cônjuges, de modo leviano, em função de um inopinado enfado, opta por uma aventura inconsequente. Não é esse o caso. De jeito nenhum.

Estamos em outro mundo. E nesse mundo, a própria deusa do amor, Afrodite, entregou ao príncipe Páris uma competência divina de seduzir.

Que tipo de resistência poderia oferecer Helena, humana mortal, contra o feitiço da deusa? Lembremos que a rainha de Esparta era adorada pelo marido e muito respeitada na corte. Não houve da parte dela nem uma fresta sequer de leviandade. Pelo contrário.

Ela se apaixonou perdidamente por Páris, de modo avassalador e irresistível, em afeto que lhe capturou por completo a consciência. Helena foi vítima de uma paixão que não conhecemos e não experimentamos nós, no nosso mundo.

Resistir exigiria superar e muito suas forças. Como andar de encontro a um tufão, escapar a um redemoinho que traga em centrífuga ou à areia movediça puxando-se a si próprio pelos cabelos. Uma impossibilidade. Como é também raiz de menos um.

Tratava-se de uma paixão fabricada pela própria deusa do assunto.

Páris, com Helena rendida e sem poder obstar a sua investida, levou-a para Troia, a fim de curtir melhor sua linda conquista.

Com efeito. Se ficassem em Esparta, cedo ou tarde teriam aborrecimentos.

Eis a origem da guerra de Troia.

Menelau, rei de Esparta e marido de Helena, como você pode imaginar, não gostou da manobra do príncipe troiano. E como esse não se mostrava nem um pouco disposto a restituir-lhe a esposa, surgiu um impasse. E do impasse, um conflito. E desse conflito, uma guerra. Longa e devastadora para todos.

* * *

O leitor e a leitora perguntam com razão:

– Zeus, deus supremo, armou um casamento, assistiu à chegada de Éris, permitiu que ela deixasse a maçã à vista de todos, não decidiu quem era a mais bela da festa, fez Páris decidir por ele, não se importou que este entregasse a Afrodite a maçã, tampouco impediu que esta entregasse a Páris o talento sedutor e, por fim, nada fez para impedir que este seduzisse a rainha Helena, esposa de Menelau.

Ora, parece claro que Zeus não se opôs, em momento algum, àquele enfrentamento que se avizinhava entre gregos e troianos.

Procede?

Sem dúvida. Zeus estava ciente de tudo. E, na interpretação de muitos, permitiu a guerra por conta de uma inquietação que, até hoje, não saiu mais da pauta. O aumento exponencial da população sobre a Terra. Alguns chamam de superpopulação.

A mitologia ensina que Gaia estava tão incomodada com isso, que veio se queixar com o neto Zeus.

Ou, para os que preferem referências planetárias, a Terra se queixou com Júpiter. O número de viventes humanos em cima dela não parava de crescer. Ela não aguentava mais o peso de tanta gente em cima.

Desse modo, quando Zeus viu que Éris tinha vindo para causar tumulto, vislumbrou tudo que a sua presença poderia desencadear. Foi ele mesmo que patrocinou a guerra. Para que muitos humanos mortais morressem de uma vez e Gaia não se sentisse tão sacrificada.

Nessa guerra, Zeus vai fazer o papel de árbitro. Apesar de sua simpatia por Troia, seu interesse maior era pela longa duração dos conflitos. Para que os humanos, procriadores vorazes, morressem em maior número possível.

Agora que conhecemos a origem da guerra de Troia, estamos mais preparados para ler a *Ilíada*.

Embora a obra de Homero só nos apresente os acontecimentos relacionados ao fim da contenda, entende-se melhor o que vai sendo descrito quando há conhecimento a respeito da origem do conflito. Daí o nosso empenho nesses quatro primeiros capítulos em apresentá-la com esmero e descontração.

CAPÍTULO 5
CRIS E GAGÁ

A partir deste quinto capítulo, nosso texto passa a apresentar a obra *Ilíada* propriamente dita.

O que contamos nos quatro primeiros pareceu-nos importante, como dissemos, para a compreensão da origem da guerra. Mas não consta da obra de Homero.

* * *

A guerra já ia pelo seu nono ano de violentíssimas batalhas. Como sabemos, sua duração completa foi de dez anos. Concluímos, então, que o texto da *Ilíada* corresponde só aos seus finalmentes.

As palavras usadas por Homero não poderiam ser mais expressivas. Gregos e troianos se enfrentavam com truculência e crueldade sem limites. As batalhas eram verdadeiros banhos de sangue.

Todas elas aconteciam nas imediações de Troia. De fato, os troianos lutavam na defesa do seu espaço urbano, impedindo a invasão dos seus domínios. Para ir guerrear, não precisavam nem pegar condução. Bastava sair pela porta principal da cidade e lá estava o inimigo à espera de enfrentamento.

Já os gregos se deslocavam ainda menos. Viviam no próprio campo de batalha. Os acampamentos ficavam mesmo ao lado. Um autêntico *home office*. Só que sem *home* e sem *office*, naturalmente.

Empenhavam-se em invadir a cidade inimiga, devassar seus muros e, sobretudo, submeter seus cidadãos à sua autoridade. Ou matá-los todos, se fosse necessário.

Destaca-se aqui um dado importante. Os troianos, ao longo desses nove últimos anos, voltavam sempre para casa. Estavam em domicílio. Em contato com suas famílias. Desse modo, o prolongamento da guerra, com todos os seus horrores, era um grau menos penoso.

Por outro lado, em caso de invasão dos gregos e consequente derrota troiana, suas famílias seriam trucidadas sumariamente.

Já os gregos estavam, durante todo esse tempo, longe de suas casas. Com todas as consequências afetivas que nove anos de afastamento da família e dos amigos podem acarretar. Sofriam todas as agruras da guerra, acrescidas dos males da distância.

Além disso, faltava de tudo em seus acampamentos. Necessitavam amiúde repor mantimentos.

Sobretudo roupas e alimentos. Mas também mulheres. Desse modo, quando a coisa ficava feia demais e começavam a passar fome, tinham que interromper a luta em Troia e saquear as cidades vizinhas.

* * *

Nesse dia em que a nossa história começa, foram os tebanos a receber a truculenta visita dos esfomeados soldados gregos.

Como sempre acontecia, tomaram à força tudo que estava ao alcance. Na pressa de pegar o máximo de coisas possível, não tinham tempo de escolher muito. Acabavam raspando o tacho e pegando de tudo. A preferência, claro, era por agasalhos, sacas de cereais, carnes, animais vivos e também mulheres.

Entre as mulheres capturadas naquela manhã de arrastão, uma era particularmente bela. O mesmo não podemos dizer de seu nome. Chamava-se Criseide. Se a leitora ou o leitor considera Criseide um lindo nome, peço desculpas por essa veleidade sem propósito.

De volta ao acampamento, como sempre acontecia nessas ocasiões, os reis e príncipes dividiram tudo que fora roubado. Esse momento costumava ser tenso. O valor do que traziam era muito desigual e dependia das necessidades e circunstâncias mais prementes.

No interior dos sacos, havia muita coisa boa, mas também muita porcaria. Cada um lutava com muita disposição pelo que precisava ou desejava. Os conflitos eram frequentes.

* * *

Agamêmnon fez prevalecer seu poder de chefe e convocou a linda Criseide para a sua tenda.

Informou-a, em primeiríssima mão, que, a partir daquele instante, a chamaria de Cris. Para não comprometer desempenhos. Disse-lhe que, no calor das intimidades, se tivesse que chamá-la pelo nome completo, poderia perder o foco e o tônus.

Peço aos leitores e leitoras que não me levem a sério. Faço graça para tornar tudo isso mais palatável, para vós outros e para mim mesmo.

Retomando.

Como era de se esperar, a moça estava apavorada. Era brutal tudo que vivera naquele dia. O saque da sua cidade, a própria captura, a longa viagem até as imediações de Troia, a partilha do que fora roubado e, finalmente, a escolha de Agamêmnon, o chefe supremo.

E agora, ali estava ela, na tenda de um acampamento de guerra, na iminência de ter que se deitar com aquele grande comandante, do qual só tinha ouvido muito falar.

É ambígua a conduta de Criseide na narrativa de Homero.

Por um lado, tendo sido capturada e feita prisioneira, seria de se esperar comportamento arisco e arredio.

De fato, nas primeiras horas, Criseide agia com grande timidez.

Por outro lado, em pouco tempo, demonstrou, mesmo ante tanta hostilidade, muito jeito para lidar com o superpoderoso rei grego.

Tanto que acabou por construir com ele uma relação de muitos afetos positivos.

Ao ganhar um pouco de intimidade, informou com doçura a seu amante protetor que o tratar pelo nome, Agamêmnon, tampouco lhe trazia muita inspiração. Inviabilizava uma comunicação mais fluida. Mormente em instantes de intimidade. As quatro sílabas pareciam intermináveis na hora de manifestar uma sensibilização mais aguda.

Por isso, dali pra frente, o trataria de Gagá.

Capítulo 6
Dupla de fechar o comércio

Agamêmnon era mesmo o mandachuva do pedaço. Autoridade maior de toda a força militar grega na guerra de Troia. E ele a exercia sem nenhum pudor ou timidez. Gostava de mandar e manifestar o seu poder. Fazia questão de que todos soubessem que era ele quem mandava.

Esse grande líder militar era rei de Micenas. Considerado o mais poderoso monarca de toda a Grécia.

Encontrava-se particularmente concernido pela causa grega no conflito com Troia. Isso porque Menelau, pivô da contenda, era seu irmão.

Agamêmnon era também homem casado. Sua esposa, rainha de Micenas, chamava-se Clitemnestra. Era uma linda mulher. Irmã gêmea de Helena.

É isso mesmo que você leu. Irmã gêmea de Helena. Não podia ser feia. De jeito nenhum. Era de fechar o comércio, como dizia dona Nilza, minha mãe.

Consta que não eram idênticas. O que só aumentava o interesse. Ambas tinham fã-clube numeroso. As comparações fomentavam discussões. E, não raro, a preferência recaía sobre a esposa de Agamêmnon. No concurso de miss rainha grega, ambas faziam a final todo ano.

* * *

Como a leitora e o leitor devem ter percebido, os laços familiares reais apresentavam curioso cruzamento. Eram dois irmãos, reis, Menelau e Agamêmnon, casados com duas irmãs gêmeas, Helena e Clitemnestra, as mais lindas do mundo, feitas rainhas pelo matrimônio.

Consta que Agamêmnon amava muito Clitemnestra. Tinha a esposa na mais alta conta. E não economizava palavras para enaltecê-la.

Em contrapartida, a rainha decepcionara-se profundamente com seu marido. Isso porque este último, uma vez informado de que, para vencer a guerra, teria que oferecer a filha Ifigênia em sacrifício à deusa Artêmis, acabou por fazê-lo.

Clitemnestra não o perdoaria jamais. Após o fim da guerra, juntou-se em concubinato a Egisto, primo do esposo, e, juntos, o mataram. Mas essa é uma outra história. Bem legal de contar, por sinal.

Retomando.

O encantamento de Agamêmnon por Clitemnestra não impediu que, no acampamento em Troia, o primeiro passasse alguns dias muito felizes na companhia de Criseide. Não só pela beleza jovial e fresca da jovem tebana, o que sempre anima as amabilidades de um casal, mas também pela inteligência, repertório variado, senso de humor e elegância.

Mas, como muita gente diz, tudo que é bom dura pouco.

CAPÍTULO 7
TÁ GOSTOSO? ENTÃO TOMA!

Agamêmnon e Criseide viveram um intenso romance. E, como não estavam em suas casas, o idílio fazia mesmo lembrar uma lua de mel. Um amor cheio de desejo e uma cabana.

O relacionamento tinha potencial para proporcionar felicidade, suponho que, em especial, ao comandante maior das tropas. Não era só a química que ajudava, havia também a física, a biologia e, ainda, as coisas do espírito.

Criseide era muito boa de papo. Sem os cacoetes palacianos, repletos de sofisticação frívola, a amante conferia, a cada passo, gesto e consideração, simplicidade ingênua ao sorriso tímido e sedutor.

Desse modo, o nosso Agamêmnon estava apaixonado, arreado e completamente entregue àquele afeto.

Mas, como às vezes acontece, experiências sumamente prazerosas são abruptamente interrompidas por ocorrências que parecem advertir o incauto vivente a respeito da verdadeira índole do viver, arrancando-o do deslumbramento e devolvendo-o ao cenário de enfado e sofrimento mais corriqueiro.

Foi exatamente o que se passou com o grande comandante grego.

* * *

De fato.

Nem bem a falta de jeito inaugural começou a virar amabilidade fluida e carinho eficaz e, de modo para lá de inesperado, o pai da moça apareceu para visitá-la.

Era um senhor, idoso, sacerdote de Apolo, com jeito de vovô. Parecia muito gente boa. Seu nome era Crise. Não é difícil memorizar. Crise, pai de Criseide.

O propósito da sua visita, mais do que previsível e esperado, era levar a filha de volta para casa. Por isso, trouxe uma grande quantidade de donativos de razoável valor. Pretendia trocar tudo aquilo pela liberação de Criseide.

O pessoal do acampamento gostou da proposta. Além do mais, tratava-se de um senhor, educado, articulado, que interagia de modo muito respeitoso com todos.

* * *

O plano de Crise estava quase dando certo, quando Agamêmnon foi informado das pretensões do velho sacerdote, pai de Criseide.

Você pode imaginar a reação do grande comandante.

– De jeito nenhum. Nem que a vaca tussa. Criseide é minha mulher. Volte para casa, velho. Se quiser salvar a sua pele. E leve todas essas quinquilharias. Sua filha daqui não sai. Envelhecerá ao meu lado.

De fato, de tudo que fora tomado dos tebanos, Agamêmnon tinha escolhido Criseide. Se ela fosse embora com o pai, ele ficaria no prejuízo. E comandantes não costumam levar a pior assim tão fácil.

Restou ao velho sacerdote pegar o caminho de casa. Enxotado, frustrado e sem a companhia de sua filha.

Por ordem de Agamêmnon, não se falou mais no assunto.

* * *

O que talvez o grande líder não tenha levado muito em conta é que Crise não era um pobre diabo qualquer. Se naquele lugar, em pleno acampamento grego, ele nada pôde fazer, tendo que recuar humilhado, longe dali teria plenas condições de devolver a afronta.

Como dissemos, Crise era um sacerdote. Com acesso privilegiado aos deuses, portanto. O pai de Criseide era oráculo de um dos mais importantes e poderosos deuses do Olimpo. Apolo.

Ora, queridos leitores. Era muita ingenuidade supor que toda aquela desconsideração fosse ficar por isso mesmo.

Pois é. Acabou dando ruim com gosto. Sem nenhuma moderação.

CAPÍTULO 8
A PESTE

O troco veio rápido.

Poucos dias depois da partida de Crise, uma terrível peste se abateu sobre o exército grego. Uma doença esquisita. Uma epidemia. Ninguém sabia a causa, muito menos a cura. Os soldados foram morrendo um a um. E os animais também. A situação tornou-se gravíssima.

Aquiles, grande combatente, respeitado por todos, craque do time, convocou uma assembleia geral para expor o problema e alertar sobre os riscos que estavam correndo.

* * *

Antes que me esqueça, esse Aquiles é filho de Tétis e Peleu. Espero que você não tenha se esquecido do simpático casal, unido de afogadilho por Zeus, logo nas primeiras páginas desta nossa história.

Pois é. Supomos que os noivos, convertidos em cônjuges, tenham aproveitado os momentos após a grande festa para algumas noites e dias de núpcias em grande intimidade.

E, nesse caso, só mesmo sendo filho de deusa para que os tempos da narrativa se encaixem.

Porque se a guerra de Troia começou logo após a festa do matrimônio, por conta da sedução de Helena por Páris, esse tal de Aquiles não poderia ter mais de 8 ou 9 anos de idade nesse momento em que a guerra dura este tanto.

De modo que ou a resistência de Helena a Páris, seguida da decisão de declarar guerra aos troianos, durou também uma década, ou então a matemática não encaixa. Porque Aquiles, para ser herói de guerra, não podia ser uma criança de 9 ou 10 anos.

Mas como estamos falando de deuses, cuja relação com o tempo não é a mesma dos mortais, deixemos tudo por isso mesmo.

* * *

Devolvamos a palavra a Aquiles.

– Se não descobrirmos logo a causa dessa doença para poder enfrentá-la, teremos que voltar para casa derrotados.

Alguém sugeriu a consulta a um oráculo. Na época, os oráculos faziam a mediação entre os humanos e os deuses. Estes se comunicavam com os primeiros por seu intermédio. Por isso, os oráculos eram muito respeitados.

Foi quando Calcante levantou a mão e pediu a palavra. Calcante era um adivinho. Também conhecido por sua sabedoria e capacidade de interpretar os acontecimentos.

– Eu sei por que estamos todos ficando doentes. Mas o que tenho a dizer vai desagradar os poderosos. E não quero sofrer retaliações.

Em resposta, Aquiles assegurou que nada lhe aconteceria. Que ninguém faria nada contra ele.

– Pode falar, Calcante. Você tem a minha palavra. Ninguém te fará mal. Diga o que disser.

Com essa garantia, Calcante respirou fundo e anunciou:

– A causa dessa epidemia é muito clara. Ela é a resposta dos deuses aos insultos dirigidos a Crise, sacerdote de Apolo. Desde que ele foi embora sem a filha, nossos soldados começaram a perecer. Portanto, só há uma solução: devolver Criseide a seu pai com um pedido de desculpas formal da parte de todos nós.

Quem não gostou nada daquele diagnóstico foi Agamêmnon. O grande comandante estava, como já dissemos, com os quatro pneus arreados e mais o estepe por Criseide. Em meio aos horrores da guerra, sentia-se reconfortado. E a moça era aquele sopro de doçura, candura e ternura que caía tão bem naquele cenário de crueldade e devastação sem fim.

– Esse Calcante é sempre assim. Fosse alguma coisa boa, ficaria quieto. Mas como sabe que me causará dor e sofrimento, não sossegou enquanto não enunciou suas famigeradas adivinhações.

CAPÍTULO 9
NO PREJU EU NÃO FICO!

Apesar da raiva, Agamêmnon teria que aceitar a partida de Criseide.

Os adivinhos eram muito respeitados. Mormente em tempos de crise. E o que propunha Calcante soou bastante pertinente aos ouvidos de todos.

De fato, a sequência dos acontecimentos era rigorosa. Assim que Crise regressou para a sua terra, humilhado e sem a filha, a peste se abateu impiedosa sobre os soldados gregos.

Mas nem por isso Agamêmnon deixou de se sentir imensamente prejudicado com o desfecho daquela história. E, portanto, sentia-se no direito de exigir uma gorda compensação por aquela perda tão sentida.

Como podem imaginar, o homem estava pistola da vida. E não poupou Calcante de sua raiva.

– Profeta de desgraças. Portador de mau agouro. Urubu dos infernos. Pela primeira vez encontrei uma mulher que rivaliza com Clitemnestra em beleza e espírito. Passei dias de grande felicidade com ela. E deram logo um jeito de acabar com a minha alegria. Vou permitir a partida de Criseide porque não quero que o exército pereça. Mas exijo uma compensação imediata. Não é justo que só eu fique sem nada do que foi saqueado em Tebas.

Aquiles respondeu com ponderação:

– Não há como te recompensar agora. Já foi tudo distribuído. Refazer a distribuição nos levaria a um conflito generalizado. Vamos fazer o seguinte: você entrega a moça agora. Quando tomarmos Troia, você fica com muito mais do que te tocaria normalmente. Três ou quatro vezes mais. Pode ser assim?

Agamêmnon balançou a cabeça e grunhiu em descontentamento. Não confiava em absoluto no que propusera Aquiles.

Estava certo de que, uma vez devolvida a moça e resolvido o problema da peste, ninguém mais se lembraria daquele acordo. Até porque, na hora da tomada definitiva de Troia, a confusão seria completa. Cada um pegaria o que conseguisse no mais absoluto pandemônio. Não haveria condições de honrar o prometido.

– Você, Aquiles, está querendo me passar para trás. Acha que vai me enganar assim tão fácil? Que vai ficar com o quinhão do saque de Tebas e me deixar sem nada? Nananinanão! De jeito nenhum. Eu devolvo a moça, mas depois venho pegar o que eu bem quiser, e de quem eu bem quiser. Posso pegar o que foi destinado a Ulisses como posso pegar o que tocou a você.

Aquiles ficou muito ofendido com as palavras de Agamêmnon. E reagiu à altura:

– Homem despudorado e mesquinho. E você acha que os soldados gregos vão aceitar o seu comando daqui para a frente? A começar por mim. Quero que saiba que os troianos nunca me fizeram nada. Nunca me roubaram nada. Nem animais, nem cereais. Vim até aqui para te acompanhar, seu ingrato! Para defender a honra de Menelau, seu irmão, e a sua. E você, seu cão sarnento, ainda vem me ameaçar? Eu vou é voltar para casa imediatamente. De onde nunca deveria ter saído. Fica você aí, brigando, porque eu aqui não fico mais!

Como podem ver, a treta foi feia entre os dois gigantes da tropa grega. Eis a cena inicial da obra *Ilíada*, do poeta Homero. Mas isso é só o começo.

Capítulo 10
Sai Cri, entra Bri

Agamêmnon não aliviou com Aquiles.

Disse-lhe, na lata, que ele tinha mais é que cair fora. Que não se rebaixaria a pedir a sua permanência. Que outros teriam a honra de lutar ao seu lado. E que, tão logo Criseide se fosse, ele iria mandar buscar a linda Briseide, que havia tocado a Aquiles em partilha.

Para que todos soubessem quem mandava no pedaço, quem era o mais forte naquela freguesia. E que aprendessem, de uma vez por todas, a ter medo dele. Que desgraçado e desaventurado para sempre seria quem ousasse desafiá-lo. E piriri e pororó.

* * *

Aquiles sentiu-se ultrajado como nunca. Esteve a ponto de lançar mão de sua espada e partir para o enfrentamento de morte com seu chefe. Mas conseguiu se controlar.

E respondeu:

– Você é uma pessoa asquerosa. Um homem covarde. Saiba que quando estiverem por perder a guerra, será inútil clamar pela minha presença. Não estarei ali para livrar a sua cara. E você sabe que sem mim as chances de vitória sobre os troianos caem a quase zero.

* * *

Quando aquela assembleia se desfez, Agamêmnon providenciou uma embarcação para levar Criseide. Vinte homens a acompanharam. E ninguém menos que Ulisses os comandou.

Não deixou por menos. Que nada de mal acontecesse a quem lhe dera um sopro de alegria em pleno inferno.

Assim partiu Criseide. Deixando o chefe maior em frangalhos. Afetos despedaçados.

Tão logo a nave desapareceu ao longe no mar, Agamêmnon pediu a dois de seus estafetas para que buscassem Briseide junto a Aquiles.

– Se houver alguma resistência, venham avisar-me que irei eu mesmo buscá-la.

Não houve resistência alguma. E Briseide se foi, agora para os braços de Agamêmnon.

* * *

Aquiles, em solidão, sentado à beira-mar, corroído pela indignação, recebeu a visita da mãe, Tétis. Sendo deusa, ela simplesmente apareceu. Deuses conseguem coisas assim. Eles podem aparecer do nada. O que lhes poupa gastos importantes com meios de transporte.

Ela sabia que a vida do filho seria curta. E que ele se tornaria um herói. Talvez o maior de todos. Mas isso não diminuía a sua tristeza.

– Só te peço, filho meu. Resiste a tua ira e vontade de guerra. Fica por aqui. Um dia te aclamarão. E te oferecerão todas as honrarias. Muitas mais do que todas as ofensas que a ti tenham feito. Mas, por enquanto, fica por aqui.

Com essas palavras, Tétis se foi, tal como veio, deixando o filho entregue à sua desventura.

Aquiles tinha a alma cheia de ódio pela injustiça que sofrera.

Mas também de nostalgia, pela excitação da batalha que tanto lhe fazia falta.

Capítulo 11

Quem sabe faz a hora

Agamêmnon dormia em sua tenda.

Homem grande, robusto, de sono pesado e ressonar potente. Sobretudo naquela tarde sem compromissos, logo após refeição de garfadas gordas, galinhada de galinha roubada tem sabor único, e largos goles de vinho tebano, também arranjados na mão grande.

Nessas condições de grande relaxamento, nem se deu conta da chegada discreta de Nestor, o mais velho e sábio dos combatentes gregos, que fora visitá-lo.

O ancião, ao se deparar com aquele cenário desolador de final de banquete, começou por adverti-lo. Sua idade e sabedoria lhe conferiam o respeito de todos e legitimidade para admoestar aquele homem tão poderoso, que ali curtia sua *siesta* ruidosa de boca grande.

Como se permitia repouso tão frouxo, em plena batalha, quando tantos dependiam de suas prontas decisões?, perguntou-lhe Nestor, com o mesmo tom da mãe franzina que ameaça bater no filho categoria peso-pesado no jiu-jítsu.

Como o comandante maior não dava sinais de despertar, o velho aproximou-se e cochichou, como se quisesse alcançar sua alma sem ter que passar pela vigília do corpo.

– Agamêmnon, preste atenção. Trago para você uma mensagem de Zeus. Saiba que nosso deus do Olimpo te acompanha sempre e se compadece de seus infortúnios. Ele pede para que esteja em alerta. Porque é chegada a hora de vencer a guerra contra os troianos. Arme seu exército. Defina a melhor estratégia. E esteja pronto. Porque doravante todos os deuses estarão ao seu lado.

* * *

O líder de todos os gregos despertou sobressaltado. Procurou pelo mensageiro divino, mas Nestor já se retirara, esgueirando-se com agilidade pela fenda daquele surrado alojamento bélico.

Como não encontrou ninguém, Agamêmnon pensou ter apenas sonhado. Ainda assim, não hesitou em convocar toda a tropa para uma assembleia extraordinária.

Nessa instância de grande formalidade, comunicou aos príncipes que constituíam o conselho o teor de seu sonho e a decisão de atacar Troia o mais rápido possível. Anunciou-lhes também o curioso procedimento que pretendia implementar.

– Antes que comuniquem seus comandados de minha decisão – disse Agamêmnon –, quero verificar o ânimo da nossa tropa. Direi aos combatentes que decidi capitular. Que desisti da batalha. Que não quero mais a guerra. Vocês, então, tentarão convencê-los a continuar combatendo. Quero ver a reação dos soldados.

Os príncipes não entenderam muito bem o que, de fato, pretendia o comandante maior com aquela artimanha. Sobretudo porque a urgência das medidas a tomar não parecia comportar procedimento de relevância tão questionável.

Em meio a um silêncio de incerteza e perturbação, Nestor pediu a palavra. Disse que, se fosse um qualquer a ter sonhado, não caberia considerar. Ninguém mobilizaria uma tropa inteira por causa de um sonho qualquer, desses que se tem todo dia ou que se inventa para fazer-se de interessante.

E Nestor continuou:

– Mas, sendo um sonho do comandante supremo, recebendo orientação de Zeus, parece-me temerário simplesmente ignorar. E se o grande patrono do Olimpo tivesse justamente se aproveitado do repouso tranquilo do guerreiro para passar-lhe instruções preciosas sobre o encaminhamento daquela guerra? Acatemos, pois, sem mais, o que propõe Agamêmnon! E que cada príncipe aqui presente mobilize sem delongas suas tropas.

Capítulo 12
Rabo entre as pernas

Fiel ao que anunciara aos príncipes, Agamêmnon jogou um verde para ter uma ideia do que poderia colher mais para a frente. Era preciso ter certeza de com quem poderia de fato contar dali em diante.

Assim, em tom solene, começou por advertir as tropas de que o teor de sua fala seria devastador. Como faria um porta-voz ao anunciar o passamento de um grande ídolo acidentado ou doente, cuja recuperação era esperada por todos.

Assegurou a toda a tropa que Zeus, inicialmente, lhe havia prometido a vitória sobre os troianos. Mas que, agora, lhe ordenava, sem se justificar, que abandonasse a guerra e retornasse para casa, sem glória e desonrado.

A ordem era clara, para desistir da guerra, apesar de ter levado tantos camaradas seus a sucumbir por aquela causa.

O comandante-chefe afirmou, com todas as letras, que considerava a solicitação de Zeus vergonhosa para todos.

E continuou, sem papas na língua, nos termos que seguem:

– Isso não se faz. Uma tropa imensa e preparada para qualquer embate, ser constrangida a uma evasão humilhante como essa. Depois de nove anos, com mulheres e filhos à espera, voltar para casa desse modo, com o rabo entre as pernas, como um punhado de covardes, apavorados ante um inimigo inferior em número de combatentes e em preparo é devastador. Saibam os senhores que, por conta dessa vexatória retirada, a ofensa de Páris ao rei Menelau ficará por isso mesmo. E nós, gregos, nunca mais tomaremos Troia.

* * *

A fala de Agamêmnon despertou grande comoção. Apesar disso, muitos dos combatentes sentiram-se mesmo aliviados. Alguns chegaram a dar vivas de júbilo.

Sem perder tempo, receosos de uma nova mudança de diretrizes, precipitaram-se para as embarcações, tamanha era a vontade de voltar para casa.

* * *

Ante tão flagrante debandada, Ulisses tomou a palavra. Até aquele momento, ele não se movera de onde estava, paralisado pela angústia que as palavras de Agamêmnon lhe haviam provocado.

Finalmente, aproximou-se do comandante-chefe e, sem nada dizer, retirou-lhe o cedro das mãos. Esse instrumento simbolizava o poder maior do seu portador.

Virou-se, então, para os combatentes e, dirigindo-se especialmente aos príncipes, impostou a voz e desabafou com firmeza:

– Parem, parem agora. Vocês não percebem que Agamêmnon os está pondo à prova?

Todos pararam ao comando seco e grave de Ulisses. As tropas, entre a incredulidade e o constrangimento, começaram a dar meia-volta e retornar ao local da assembleia.

* * *

Eis que um combatente, de nome Tersites, pôs-se a gritar:

– Ei, Agamêmnon. O que você quer? Já não tem o suficiente de ouro e belas mulheres em sua tenda? Com que direito ofende Aquiles, bravo combatente, superior a você em todos os atributos de um verdadeiro guerreiro?

Ulisses não gostou da intervenção de Tersites. Aplicou-lhe um corretivo humilhante diante de todos. Pôs-se em defesa de Agamêmnon em momento decisivo.

Mas a fala de Tersites foi indicativa da legitimidade claudicante do poder exercido pelo comandante maior. Havia muito descontentamento. E sua autoridade poderia se esgarçar a qualquer momento.

Quanto à debandada geral depois do anúncio do falso comunicado de Zeus, foi possível deduzir com clareza a quantas andavam os ânimos daquelas tropas gregas. O diagnóstico estava feito. Naquele momento da guerra, a maioria dos combatentes gregos abandonaria de bom grado a luta para voltar para casa.

Desse modo, tal como Zeus, de verdade, havia anunciado a Agamêmnon, por intermédio de Nestor, era chegada a hora de ganhar aquela guerra. Porque ninguém aguentava mais.

CAPÍTULO 13
QUE TODAS AS MULHERES SEJAM VIOLENTADAS

Ulisses passou a discursar para todos os combatentes:

– Eu sei que são nove anos. E que esse período é uma enormidade. Sei também que um mês longe de casa bastaria para que desejássemos regressar prontamente. O que dizer então de tantos anos sem poder voltar?

"Muitos de vocês, para poder estar aqui em combate, deixaram em casa filhos pequenos. Meu Telêmaco era recém-nascido quando parti de Ítaca. Nove anos depois, esses nossos filhos estão crescidos. E nós não pudemos acompanhar um bom pedaço de suas infâncias. Essa convivência é irrecuperável. E isso é muito triste.

"No entanto, meus amigos, concordem comigo. Retornar agora para casa seria para nós uma desonra sem precedentes na história de que eu tenha conhecimento. Abandonar o campo de luta depois de tanto tempo, sem ter conseguido nada de concreto, jogaria nossas vidas na vala sombria da derrota sem luta. E para sempre.

"Então eu vos pergunto:

"Como poderíamos encarar nossos familiares e amigos, educar nossos descendentes com um fracasso dessa monta em nosso passado? Como passar uma borracha em abandono tão vexatório? Como contar com o esquecimento de um episódio histórico dessa relevância? Como não ficar marcado para sempre? Quem nos daria ouvidos? Com que legitimidade tomaríamos a palavra? O que dirão de nós se desistirmos agora?

"Vocês se lembram da primeira vez que nos reunimos em assembleia, antes de vir combater os troianos? Certamente não se esqueceram do que aconteceu. Uma serpente criada e enviada por Zeus avançou, bem diante de nós, sobre um ninho de pássaros recém-nascidos. E, sem que nada tenhamos podido fazer, comeu oito deles e também a mãe.

"Pois bem. E o que disse Calcante em seguida?

"Que se tratava de um ótimo presságio. Que nós combateríamos por nove anos. E que, no décimo, tomaríamos de assalto Troia e seus habitantes.

"Vejam, meus camaradas de luta. A profecia de Calcante está na iminência de se verificar por completo, bem debaixo de nossos narizes. Os nove anos já foram lutados. Agora, só nos resta vencer. É chegada a hora. Não partais, eu vos peço. E, em pouco tempo, tomaremos para nós a grande cidade do rei Príamo."

* * *

As últimas frases de Ulisses foram enunciadas com grande emoção. Tão logo o herói concluiu o seu discurso, um grito coletivo de concórdia e entusiasmo se fez ouvir até bem longe dali. Os combatentes manifestavam, cada um ao seu modo, a euforia que sentiam.

Nesse momento, Nestor pediu a palavra. Depois da verve eloquente de Ulisses, havia risco de um esfriamento anímico nas palavras do ancião. Mas este tratou de compensar sua menor potência retórica e sua arrefecida pálpebra de sonolência letárgica com propósitos duros como bronze e cortantes como lâminas de aço.

– Agamêmnon nos conduzirá à vitória. Não tenham pressa de voltar para casa. Que ninguém deixe Troia, após o assalto definitivo, sem antes dormir com a esposa de um troiano.

"É mesmo como estou a dizer. Que todas as mulheres troianas sejam violentadas por nossos soldados. Só desse modo vingaremos com sobra larga a dor da sedução e do rapto de Helena.

"E se porventura ocorrer a algum de vocês voltar para casa por iniciativa própria e antes da vitória final, saiba que, tão logo alcance sua embarcação, lhe virá ao encontro o destino da morte."

Agamêmnon agradeceu as palavras do sábio Nestor. E, olhando firme para todos, pôs fim à assembleia.

– Agora, partam. Comam bem. Afiem suas lanças, arrumem seus escudos, alimentem-se de boa carne com sangue e deem boa comida aos cavalos, porque ainda hoje, é isso mesmo que vocês ouviram, ainda hoje, nós vamos atacar. Combateremos ao longo do dia todo. Só a noite aplacará a fúria dos nossos homens. E, como bem frisou Nestor, aquele que ousar fugir da batalha será um homem morto.

Todos gritaram com euforia e desapareceram por seus cantos.

Capítulo 14

Fortinho de academia vs. segurança de balada

Era preciso lutar. Seguir lutando.

Depois de tudo que fora dito naquela assembleia, seguir combatendo tornara-se um imperativo. Ou ainda, se preferirem, recuar sem luta convertera-se em solução intolerável.

De fato, não havia outra saída.

A esperança de vitória voltara aos corações dos gregos. Retroceder, naquele momento, sem pôr um fim à guerra, não figurava mais entre as soluções cogitadas por nenhum daqueles combatentes.

* * *

Com essa certeza, homens e cavalos foram se juntando. Devagar e em silêncio. Agruparam-se às margens do rio, em frente a Troia. Contavam-se aos milhares. Tais como pássaros em fim de revoada, provenientes do muito distante. Soldados prontos para a batalha. Ávidos pela vitória definitiva. Sedentos de sangue inimigo.

Eis que Heitor, líder maior do exército de Troia, surge do interior dos muros da cidade, acompanhado dos príncipes aliados seus. Perfilam-se todos frente a frente aos comandados de Agamêmnon.

Todos os demais guerreiros troianos foram surgindo, a pé ou a cavalo, por trás da colina de Bátia, solitária saliência que se destacava em meio à imensa planície onde se situava a cidade de Troia.

Ali também se perfilaram, aguardando as ordens de seus comandantes.

Em poucos segundos, começaram a avançar em direção às tropas gregas. Gritavam como aves esganiçadas, anunciando uma luta definitiva e sem clemência. Dessas que só cabe matar ou morrer.

Os gregos também avançaram, em sentido oposto. Em silêncio. Com ódio mudo a inflamar as almas.

O movimento dos dois exércitos ergueu uma cortina de poeira que a todos encobriu, fazendo da grandiosa cena de batalha uma infinitude de vultos, indistintos de parte a parte, em movimento lento e a caminho de um encontro fatal.

Enfim, todos interromperam seus passos. Encontravam-se agora frente a frente a poucos metros do inimigo.

* * *

Quando a troca de hostilidades físicas parecia iminente, surge do interior do fronte troiano, sem que ninguém pudesse esperar, o belo príncipe Páris.

Trajado como um deus. Coberto com pele de felino, armado com arco e espada e empunhando duas lanças com pontas de bronze. O príncipe troiano desafiava os líderes gregos. Chamava-os mesmo para a briga.

A indignação estupefata no campo grego não poderia ser maior.

Menelau, ao ver aquele rapaz, que roubara a sua mulher, a enunciar bazófias de desdém aos bravos gregos que o acompanhavam, desceu de sua montaria como uma fera esfomeada a perseguir todas as presas do mundo.

Tinha certeza de que finalmente tinha chegado o momento de se vingar daquele que tanto mal lhe tinha feito. Aos seus amores e à sua honra. Era hora de lavar tudo aquilo com sangue em profusão.

Menelau era homem de postura impressionante. Desmontou armado e disposto ao enfrentamento imediato. Páris, quando o viu, sentiu o baque. Deu aquela amarelada típica de todo falastrão que não esperava que a hora H chegaria daquele modo tão explícito e exposto. Ao coração lhe faltou sangue.

Mais que depressa, esgueirou-se e recuou para o seio do seu agrupamento. Tinha se dado conta de que a coisa poderia ficar ruim para si. Por isso, misturou-se aos seus, desaparecendo em segundos.

* * *

Ante aquela conduta do príncipe, premida pelo temor e eivada de covardia, Heitor, seu irmão e líder maior dos troianos, dirigiu-se a ele, interrompendo a manobra de fuga:

– Páris, indigno. Sedutor mentiroso. Não vê que os gregos estão tripudiando sobre você? Eles acreditaram estar diante de um herói, de tão impressionados que ficaram com a tua beleza. Mas agora descobriram que você não tem coragem, nem força no coração. Você mesmo, que se atreveu a frequentar o palácio de Menelau e roubar-lhe a linda esposa. Mexeu com gente guerreira. E agora tornou-se a desgraça da sua cidade e do seu povo. Se enfrentasse Menelau, descobriria que tipo de homem é esse a quem roubou a esposa. Somos mesmo de pouco valor, nós, troianos. Se valêssemos alguma coisa, você já estaria apedrejado, a pagar com a morte por todo o mal que nos causou.

A coisa tinha ficado sinistra para Páris. Ali não era um reles desavisado a esculhambá-lo, mas Heitor, o líder supremo e seu irmão. E aquelas duríssimas considerações não foram proferidas em segredo de alcova. Mas perante todos. Concidadãos e inimigos.

Alguma resposta a Heitor ele tinha que dar. O silêncio de todo o universo o esmagava.

CAPÍTULO 15
A PROPOSTA DO GALÃ

Páris, depois de uma eternidade de constrangedores segundos de silêncio, pediu a palavra.

– Você tem razão, Heitor. Seu coração, mais uma vez, se mostra inflexível como metal que afunda na madeira.

O príncipe, até aqui acuado, enfatiza a insensibilidade recorrente do irmão. O "mais uma vez" indica que dele nada mais se poderia esperar. Que se tratava de um traço de personalidade consolidado, sem aperfeiçoamento possível.

Mas a aposta retórica de Páris é fraca. Chamar um líder militar de insensível em meio a uma guerra atroz que já durava dez anos figurava como um elogio. E não fazia cócegas nem na reputação nem na legitimidade de Heitor.

Percebendo a fragilidade da sua introdução, o sedutor de Helena mudou de tom, lançando mão de um argumento um pouco mais elaborado.

– Você faz pouco da minha beleza. Por outro lado, você mesmo, certamente, não desdenha todos os atributos oferecidos pelos deuses. Em meio a esses, há os que são muito invejados por todos. Como a sagacidade do grego Ulisses. E a beleza dos que são belos, sem dúvida. São talentos concedidos só a alguns. Pergunto-lhe, então, se acredita que possam, os agraciados, por acaso, recusá-los. Ou mesmo escolhê-los.

Páris colocou-se como vítima da distribuição de dons realizada pelos deuses. O que toca a cada um se impõe a todos os humanos desde os seus nascimentos.

Nesse caso, seria impertinente responsabilizá-lo por ser detentor de um recurso natural que não foi, nem poderia ter sido, objeto de sua escolha. Tampouco de sua renúncia.

As coisas seriam como são pela vontade dos deuses, estando todos os humanos à mercê de decisões tomadas por vontades divinas.

Mas há na fala de Páris uma clara distorção. A indignação de Heitor, como é óbvio, não tem por objeto a beleza do irmão. Nunca foi esse o cerne da denúncia.

A real questão levantada pelo comandante maior era, obviamente, de índole moral. Isto é, refere-se à conduta indigna do irmão, à sedução da rainha de Esparta, facilitada, isso sim, pela sua beleza.

* * *

Páris fez então sua proposta.

– Agora, ouça-me. Se quer que duele com Menelau, assim será. Deixe que resolveremos isso só nós dois. Quem vencer fica com Helena e suas riquezas. Que os exércitos não façam nada além de assistir. E que gregos e troianos firmem, de uma vez por todas, um acordo de paz. Afinal, é por causa dessa disputa por Helena que se encontram todos aqui guerreando há uma década. Que os troianos voltem a sua próspera terra, e os gregos, que regressem ao seu país, de tantas riquezas e belas mulheres. Essa parada sempre foi nossa, desde o começo. E deverá ser resolvida por nós. E por mais ninguém.

Resta saber por que não chegou a essa conclusão um pouco antes. De fato, após dez anos de uma guerra de violência inaudita, envolvendo dois povos inteiros, a singeleza ululante do propósito parece um deboche.

Mas isso sou eu que acho. O que macula essa consideração da mais opaca irrelevância. Resta-nos, portanto, seguir a trama.

Sem mais delongas.

Capítulo 16

Ódio, temor e ciúme

Heitor exultou com a proposta do irmão. Como se tivesse tirado o peso de toda a infâmia do mundo de seus ombros. Foi andando em meio aos dois exércitos e, levantando suas armas, fez sinal aos troianos para que baixassem os braços e se desarmassem. E eles o obedeceram.

Nesse instante, os gregos se prepararam para alvejá-lo com tudo que dispunham em mãos, mas foram prontamente desautorizados a qualquer ataque por ordem de Agamêmnon, que também determinou o baixar de armas imediato.

Havia uma ética que definia a conduta dos grandes líderes e que não permitia o alvejar do inimigo fora da plena prontidão.

– Heitor quer nos falar. Deixemo-lo dizer o que pretende.

– Ouçam-me – disse Heitor. – Páris deu início a esta guerra. Ele quer que baixemos as armas e pede para enfrentar Menelau em duelo. Decidirão, desse modo, com quem ficará Helena e suas riquezas.

Foi quando, em resposta, ouviu-se a voz potente de Menelau.

– Ouçam-me todos. Sou eu o ofendido e, portanto, o maior interessado nesse ajuste de contas. Paremos, portanto, imediatamente com a guerra. Todos já sofreram muito por conta dessa discórdia. Lutaremos só nós dois, como propôs o príncipe que me ultrajou. E o destino decidirá qual de nós deve morrer. Quanto a vocês todos, encontrem um modo de estabelecer a paz, o mais cedo possível. Que os gregos ofereçam um carneiro a Zeus. E vocês, troianos, encontrem um carneiro branco e outro preto e os sacrifiquem em louvor à Terra e ao Sol. Chamem vosso rei Príamo, para que firme ele o acordo que põe um termo a essa discórdia. Seus filhos são soberbos e indignos, mas ele é um velho, e os velhos sabem olhar para o passado e para o futuro ao mesmo tempo e compreendem o que é melhor para todos. E que ninguém ouse infringir esse acordo de paz, em nome de Zeus.

* * *

Enquanto falava Menelau, via-se no rosto dos combatentes de ambos os lados a imensa sensação de alívio.

Estavam todos unidos pela esperança de, finalmente, pôr um ponto-final naquela guerra, tão mortífera e devastadora.

Nunca, ao longo de todos esses anos, estiveram tão perto da paz. As armas foram, uma a uma, pousadas no chão. O relaxamento foi geral. Estava claro que ninguém aguentava mais.

* * *

Restava conferir agora o que se passaria no enfrentamento entre aqueles dois pretendentes. Tudo em aparência os distinguia. Corpo, feições, indumentária, jeito.

Mas compartilhavam o mesmo objeto de desejo. A satisfação de um excluía a do outro. Eram rivais, portanto. Odiavam-se. A pretensão de um era causa da tristeza, ou da ira, do outro.

Havia também temor. Causado pela suposição do triunfo do rival e a consequente perda do troféu pretendido, fonte de toda a própria alegria.

Sem falar de um ciúme avassalador ante a suposição de que a mulher em jogo talvez estivesse em secreta torcida pelo inimigo, a quem desse preferência para conviver e ter prazer.

Resolveriam no braço. Ali e naquele momento, não havia mesmo outro meio.

CAPÍTULO 17

SÁBIOS BABÕES

Enquanto tudo isso transcorria no campo de batalha, Helena, dilacerada, lamentava a sua sorte: a paixão avassaladora que sentira e as decisões que tomara por conta disso.

Arrependia-se profundamente de ter acompanhado Páris a Troia e abandonado seu marido Menelau.

Assumia a imensa responsabilidade pelo sofrimento de tanta gente. Uma guerra de dez anos, com milhares e milhares de vidas humanas perdidas por conta de um arroubo de enamoramento incontido.

Afogada em sua sofrida conjectura, Helena assiste à entrada abrupta em seus aposentos de Laódice, sua cunhada irrequieta, tida como a mais bonita das filhas de Príamo, rei de Troia.

Laódice era conhecida por fazer circular informações, sempre deixando sua marca de insinuação e ironia, a respeito da vida privada mais picante da alta sociedade troiana.

Nas quebradas da rua do Comércio, onde as coisas eram ditas mais diretamente, tratavam-na mesmo como a fofoqueira maior da cidade. A ponto de contar com o verbo dizer, em grafia do italiano, conjugado no próprio nome.

* * *

Excitada, a princesa informa Helena do que está a se passar na planície: o enfrentamento iminente dos dois exércitos. Há pouco ávidos de sangue e agora em silêncio, com as armas em repouso, a ouvir as determinações de seus líderes.

– Minhas informantes garantem que a guerra acabou. E que só Menelau e Páris se baterão em duelo, por ti e pelas tuas riquezas. Você, Helena, é o troféu que será entregue ao sobrevivente. Isso porque, claro, um só de teus pretendentes sairá com vida. Serás, portanto, viúva. Ou do teu atual marido ou do anterior.

* * *

Helena prostou-se em pranto de profunda dor. Além de toda a culpa e arrependimento, era imensa a saudade que sentia do seu marido, o rei de Esparta Menelau, da sua família e da sua cidade.

* * *

O leitor e a leitora, sobretudo os menos dispostos a se apiedar daquela linda mulher, estarão se perguntando: mas não foi ela mesma que decidiu abandonar o marido, bem como a família toda e a cidade onde era feliz e nada lhe faltava, para ir atrás do galanteador troiano?

E posso imaginar a resposta engatilhada na ponta da língua:

– Pois então. Agora ela que arque com as consequências da sua decisão e sofra todas as culpas e remorsos referentes ao seu gesto.

Não foi isso que pensaram?

Bem. Se porventura eu estiver de fato equivocado, peço que me desculpem. Supus ser esse um pensamento de condenação bem frequente entre as pessoas com quem me relaciono. Por isso eu o apresentei como bem possível.

Em minha defesa, se fui precipitado, não fui o único a deslizar. O grande orador Górgias, em sua obra *Elogio de Helena*, faz a mesmíssima suposição. E, em defesa da rainha, observa que uma mulher, humana, nada poderia ter feito contra a vontade de uma deusa como Afrodite.

Seria, de fato, uma aberração esperar por uma solução diferente.

Como uma eventual resistência bem-sucedida por parte da rainha que, em nome de um princípio moral, seguisse casada, vencendo, assim, a potência de sedução outorgada por Afrodite a Páris. Helena fora vítima, cem por cento vítima, de um mero capricho da deusa do amor.

* * *

E falemos claro. É a vocês, leitoras e leitores, a quem me dirijo agora.

Vocês mesmos, ora indignados com Helena. Pois certamente encontrarão na própria trajetória, ou na de algum próximo querido, situações semelhantes de vida afetiva.

Paixões fulminantes e de curta duração. Amores excludentes. Afetos simultâneos e incompatíveis. Um companheiro de toda a vida com desgastes na relação e uma paixão repentina e avassaladora por um outro ou outra, desconhecido ou quase isso.

* * *

Helena, contrita, ouviu as novidades anunciadas por Laódice, cobriu-se com um véu branco e saiu. Ao chegar à torre dos portais da cidade, encontrou os velhos troianos ali reunidos, acompanhando o que se passava do lado de fora, entre os dois exércitos.

Eram, por óbvio, velhos demais para a luta. Mas bastante experientes para interpretar os acontecimentos com sabedoria. E, dali, contemplavam em tranquilidade e trocavam impressões.

A discussão era rica de lembranças. Aqueles anciãos trocavam suposições, inferências, considerações em sequência. Aludiam também a outros momentos históricos, com algum ponto de semelhança ao que ali se passava.

Ao notarem a presença de Helena, não contiveram o êxtase, ainda que já a tivessem visto muitas vezes.

Comentaram, à boca miúda, que não era nada surpreendente que os homens se matassem por aquela mulher. Tratava-se mesmo de uma deusa.

Rogaram aos deuses que os navios a levassem com sua beleza para longe. Ou a desgraça dos seus e de seus filhos não haveria de terminar.

E tudo isso fizeram sem ousar encará-la ou dirigir-lhe a palavra.

Capítulo 18

Sogrão maneiro

O único dentre eles a encarar Helena com um sorriso, bem como a ela se dirigir, com a elegância de sempre, foi Príamo, o rei troiano.

Pediu-lhe que se sentasse ao seu lado. Assegurou-lhe que, segundo o seu entendimento, ela não tinha culpa por tudo que se passava. Garantiu-lhe que foram os deuses a castigar todos com toda aquela desventura.

Príamo pretendia, antes de mais nada, quebrar o gelo daquela mulher deprimida, mas também arisca e em tensão máxima.

A despeito dessa preocupação, fora bastante sincero em seu propósito. O rei, de fato, não imputava a Helena, ou só a ela, aquela sequência lamentável de ocorrências.

Helena, por seu turno, garantiu ao rei que tinha por ele, seu atual sogro, o mais profundo respeito.

Admitiu, na sequência, que, se tivesse tido a coragem de morrer de paixão em vez de seguir Páris até Troia, tudo teria sido mais pacífico e harmonioso.

Mas que, infelizmente, não fora assim. Que cedera. Que se deixara entorpecer pela paixão. E que agora só lhe restava mesmo o pranto ininterrupto.

* * *

Com o intuito de deixar sua nora o mais à vontade possível, o rei pediu-lhe para que identificasse um dos soldados gregos. O combatente se destacava pelo porte alto e robusto. Parecia falar em nome de seu exército, com um aspecto majestoso.

Helena respondeu tratar-se de Agamêmnon, rei de grande poder e guerreiro inabalável. Observou, com lamento e ironia amarga, que aquele poderoso monarca fora, um dia, cunhado daquela mulher indigna com quem Príamo conversava.

Príamo demonstrou vivo interesse, sem demonstrar, todavia, grande surpresa. Talvez já soubesse todas as respostas das perguntas que fazia.

Ainda curioso, perguntou na sequência a respeito de um outro guerreiro grego, mais baixo que Agamêmnon, porém com as costas mais largas e que também liderava com maestria as suas tropas.

Helena respondeu tratar-se de Ulisses. Nascido e criado em Ítaca, ilha particularmente rochosa. Rei amado pelos seus súditos e conhecido por sua astúcia e sagacidade.

Foi quando Príamo se lembrou dele.

De fato, Ulisses acudira ao Palácio, em companhia de Menelau. Vieram prosear sobre a sorte de Helena.

Observou que Menelau parecia afoito para se expressar, embora fosse articulado e dominasse as palavras.

Já Ulisses, quando lhe tocava usar a palavra, condenava seus interlocutores a largos silêncios. Como se, a princípio, não soubesse bem o que devia dizer. Chegava a parecer insano, troçou o rei.

Mas quando finalmente falava, o fazia com uma voz de extraordinária profundidade. Seu ser transmitia imensa grandeza de alma. Suas palavras eram cristalinas e inequívocas como flocos de neve. E, ao ouvi-lo, nenhum homem, por maior que fosse, ousaria enfrentá-lo.

Em seguida, o rei de Troia apontou para um gigantesco combatente grego, que, naquele preciso instante, fazia frente a nada menos do que cinco soldados troianos, e perguntou a Helena se sabia quem era.

Esta lhe respondeu tratar-se de Ajax.

A curiosidade aparente de Príamo era grande. Queria mais e mais informações.

E assim seguiu indagando sua bela nora sobre as peculiaridades dos líderes inimigos.

* * *

Até que um arauto, desses porta-vozes que anunciavam mensagens oficiais, uma espécie de *Diário Oficial* em pessoa, ao vivo e em cores, se aproximou pedindo a Príamo que o acompanhasse.

Estava sendo chamado ao campo de batalha, a pedido de Menelau, para selar um pacto de paz entre os dois exércitos.

E assim se foi aquele senhor que, com sua sabedoria, tanto aliviara o terror de alma que devastava os dias da linda rainha de Esparta.

Não sem antes se despedir dela com o devido protocolo. Mas também com fidalguia e até alguma amabilidade galante.

Capítulo 19
O PRIMEIRO GOLPE NA PORRINHA

A hora esperada por todos chegara. Páris e Menelau se enfrentariam por Helena e suas riquezas.

* * *

Heitor e Ulisses demarcaram na terra o território da luta.

Só consigo enxergar procedimento semelhante em rixas escolares.

Lembro-me de ter eu mesmo traçado linha com o pé, mais ou menos reta, indicando, na terra ou na areia, um limite que, se ultrapassado pelo contendor da ocasião, desencadearia conflito físico imediato. O que, no meu caso, bom de bazófia e péssimo de briga, só não resultou em surra por misericórdia alheia.

* * *

Ulisses tiraria na sorte o duelista designado a desferir o primeiro golpe.

Em troca de pontapés ou safanões, lembro-me de alguma regra como "quem começou leva o primeiro". Mas, no sorteio, não guardo nenhum registro.

Já imaginou? Decidir na porrinha (forma lúdica de indicar um vencedor pela indicação de qual das mãos fechadas contém a parte mais longa de um palito de fósforo, por exemplo) quem tem o direito de socar primeiro!

Esse primeiro golpe consistia em atirar a lança na direção do oponente. Vantagem significativa, se considerarmos que tal manobra poderia bastar para aniquilá-lo.

Muito interessante o papel do sorteio e da sorte nas tomadas de decisão mais relevantes entre os gregos. Tal como nesse duelo em Troia, em Atenas, o poderoso mediador dos debates na Ágora, responsável por definir e aplicar a ordem do dia, também era decidido por sorteio.

Retornando a Menelau e Páris, tocou ao segundo essa vantagem.

* * *

O ex e o atual marido de Helena se aproximaram, olhando-se nos olhos e fazendo cara de mau. Faziam o que podiam para desestabilizar o oponente, fragilizando-o pelo medo.

Guardaram entre os corpos uma distância protocolar para o início do duelo.

Como fora decidido em sorteio, tocou a Páris desferir o primeiro golpe. O príncipe galã arremessou com a força que conseguiu mobilizar a sua lança. Esta ficou presa, como que espetada, no escudo de Menelau. Embora danificado, este não se rompeu com o golpe.

Duplo fracasso para o troiano. Não atingiu o oponente e ficou sem a sua lança. Isso equivalia a tomar um gol de um time superior com menos de 1 minuto de jogo.

Era a vez de Menelau. O rei de Esparta levantou a sua lança e a arremessou em direção ao seu oponente troiano com toda a força que o ódio lhe permitia.

A lança acertou em cheio o escudo de Páris, partindo-o ao meio. Ele, que já não tinha lança, acabara de perder seu anteparo protetor.

Com menos de 5 minutos de jogo, a goleada se anunciava inclemente. O príncipe troiano, nesse instante do duelo, não tinha mais lança, nem escudo.

Mas o estrago não ficara por aí. A ponta da lança de Menelau avançou pela armadura de Páris, atingindo, de raspão, a lateral do seu abdômen.

Menelau aproveitou-se dessa condição desfavorável do adversário e investiu sobre ele com a espada, golpeando-o com violência. Mas a espada se partiu no choque com a armadura. Enfim um movimento levemente favorável ao troiano.

A superioridade de armas de Menelau, que até esse momento era de um escudo e uma lança, reduziu-se ao primeiro.

Mas o imparável rei de Esparta, turbinado pela ânsia de vingança, blasfemou e exortou aos deuses que o ajudassem. Sempre no ataque incontido, agarrou com agilidade seu contendor pela cabeça.

Não era mesmo fácil a situação de Páris. Menelau, em qualquer situação, seria um opositor muito indigesto. Mas, furioso como estava, tornava-se infinitamente mais forte e invulnerável.

Seu maxilar e narinas se alargavam, os dentes rangiam, em sua fronte formavam-se sulcos profundos, a respiração arfante misturava-se aos grunhidos de ira guardada e urdida na sede da vingança. Da boca brotava uma saliva espessa de lobo montado em carniça.

Páris esticado ao chão, Menelau agora o arrastava pela armadura na direção dos soldados gregos. Até que esta se rompeu. E Menelau viu-se com a armadura vazia nas mãos. Levantou-a aos céus como um troféu e a arremessou em direção aos seus correligionários.

* * *

Porém, quando se voltou para dar cabo definitivo daquele seu máximo desafeto, constatou que o mesmo lhe havia escapado por entre os dedos, desaparecendo em meio aos troianos.

Como teria podido se evadir tão ágil e marotamente?

De fato. Em alguns poucos segundos de desatenção, o seu oponente já ia longe. Façanha tanto mais improvável, pois o mesmo encontrava-se esticado no chão e combalido.

Alguém o teria ajudado. Um deus, quem sabe? Ou uma deusa? Mas que deus se sentiria compelido a ajudar aquele príncipe, digamos, tão leviano?

Pensando na história desde o começo, só há uma resposta plausível.

Afrodite. Claro.

Capítulo 20
Melhor rezar

Em meio à estupefação de todos, incrédulos ante o desaparecimento de Páris, Heitor regressou do campo de batalha. Entrou pela porta principal da cidade. Parou embaixo de um grande carvalho situado logo após o muro à direita.

A palavra carvalho sempre me faz pensar em árvore grande, frondosa, exuberante. Nunca pensei num pé de carvalho mirradinho, chocho e sem presença. Carvalho pequeno é só sobrenome de gente. Tive um colega, Arlindo Carvalho, que não era figura de ocupar a vista. Tanto que era o Carvalhinho, até para os professores, quando faziam a chamada.

* * *

Voltando a Heitor embaixo do carvalho.

Muitos vieram ter com ele. Organizou-se uma autêntica coletiva a céu aberto. Anciãos, esposas e filhos de combatentes, inválidos, enfim, uma autêntica multidão. Todos esperavam por notícias. Não só de parentes, mas também do encaminhamento da guerra. E entendiam ser Heitor, além do comandante supremo, o porta-voz oficial das forças troianas.

Mas Heitor, herói com todas as letras, não tinha muito a dizer naquele instante. Limitou-se a pedir para que rezassem. Rezassem muito a seus deuses. Porque tempos de grande dor e devastação se abateriam sobre os troianos.

Em seguida, dirigiu-se ao Palácio de Príamo, onde residia. Um imenso palácio, por sinal.

Desde aqueles tempos, os ricos tinham gosto por portas grandes para suas casas. Mesmo que depois acabassem mesmo se servindo de entradas secundárias para agilizar o dia a dia. Como, aliás, também acontece nas residências dos prósperos de hoje.

Mas ali, no logradouro oficial da monarquia troiana, a desmesura não se restringia à porta de entrada. Imaginem, queridos leitores e leitoras, que na parte residencial do palácio havia 50 quartos bem amplos. Todos em pedra.

Neles moravam os filhos de Príamo e suas esposas. Havia ainda outros 12 dormitórios, bem separados dos primeiros, onde se instalavam suas filhas com seus esposos.

No total, vale a pena destacar, 62 quartos bem amplos. Só para a prole e agregados. Como se fossem residências autônomas.

Aqui entre nós. Por maior que fosse a fertilidade do rei e da rainha, identifico um certo exagero no número de habitações, não acham? Sem falar na inclinação claramente predominante por filhos homens que a família do poder punha em relevo.

* * *

Quando Heitor entrou no palácio, foi recebido por Ecuba, sua mãe.

Muitos, em português, grafam esse nome com H. Assim temos Hecuba. E há uma certa tradição em enunciá-lo na proparoxítona. O que nos leva a Hécuba, com a sílaba tônica "Hé". E bem aberto. Tal como dizemos "época". Repita depois de mim: Hécuba. Muito bem.

Com 62 dormitórios para os filhos, há quem diga que vem de Hécuba a palavra *incubadora*, onde bebês prematuros vivem seus primeiros dias. Mas isso é dedução do pessoal lá do bar do Valadão, quando discutem mitologia depois das 3h da manhã, tendo começado os serviços logo ao pôr do sol.

* * *

Voltando a Heitor entrando no palácio.

Sem entender a presença do filho ali, Hécuba perguntou-lhe, sem nenhum tom de admoestação, o porquê de ele não se encontrar no campo de batalha.

Afinal de contas, os "asquerosos" gregos seguiam por ali, querendo entrar na cidade.

– Terá vindo para rezar? Vou te dar um pouco de vinho para que bebas e ofereças aos deuses. O vinho restabelece o homem da sua fadiga. Você está exaurido, em combate sem tréguas para nos defender a todos.

Heitor recusou o vinho. Não queria perder a concentração. Precisava continuar focado na batalha. Tampouco ofereceria aos deuses porque tinha as mãos sujas de sangue.

Por outro lado, pediu à mãe que reunisse todas as mulheres velhas da cidade e fosse ao templo de Atenas. Pediu-lhe também que oferecesse a Atenas, depositando no colo da estátua que a representa, o mais fino vestido que tivesse. A maior preciosidade à disposição. A oferenda mais cara. Mais cobiçada. Mais linda.

– Peça-lhe para ter piedade das esposas troianas e de seus filhos. E também para que afaste da batalha Diomedes, filho de Tideu. Porque, combatendo como combate, as chances de vitória se reduzem muito.

E assim se fez. Hécuba lançou mão de sua roupa mais cara, reuniu todas as mulheres anciãs de estirpe e dirigiu-se ao templo.

* * *

Já Heitor não perdeu tempo e foi atrás de Páris. Ainda levava consigo sua lança. E o encontrou cercado de empregados na companhia de Helena, em aparente tranquilidade, como se nada de grave estivesse acontecendo.

Podem imaginar, queridos leitores, a sua indignação.

Em cólera, gritava com Páris. Coisas do tipo:

– Estamos nessa guerra por sua causa. Lutando como animais pela vida, no maior sufoco e tomando um pau dos gregos. Enquanto isso, você aqui, refestelado, gozando de seus luxos. Ser abominável, esquerdo, sórdido, miserável. Ou você vem para a luta ou logo verá a cidade incendiada pelos gregos, espécie de ectoplasma, flibusteiro de quinta classe.

Páris respondeu que entendia a fúria do irmão. Que ele tinha razão em tudo que dizia. Mas que ali se encontrava não para se refestelar e gozar de seus luxos. E sim para curar a sua dor.

Entendia também que o melhor a fazer era voltar para a batalha. Quanto antes. E que estaria pronto imediatamente. Que era só o tempo de se vestir para o combate e arrumar suas armas.

Disse também ao irmão que, se preferisse, poderia ir na frente que ele em breve estaria ao seu lado.

Vai indo que eu já vou.

Capítulo 21
Não é a praia dele

Páris assegurou a Heitor que o acompanharia em batalha.

Nesse instante, enquanto o marido se paramentava para a luta, Helena dirigiu a palavra ao cunhado. Trata-se de uma das falas mais ricas de toda a *Ilíada*. De grande profundidade e interesse filosófico. E já entenderemos por quê.

* * *

Helena começa lamentando a situação em que todos se encontravam. E imputa a si a responsabilidade pelos acontecimentos.

Afirma que ela teria vivido melhor se, ao ser parida, uma rajada de vento a tivesse levado para longe, no cume de uma montanha ou em meio às ondas do mar. Insiste que teria sido melhor assim.

A mulher de Páris sugere a preferência por uma vida em isolamento. Longe de toda a sociedade. Apartada de toda a pólis. Sem raízes políticas, mas também sem família, sem casa, sem chão.

Tal afirmação é de enorme alcance. Sabemos que, para os antigos, a vida em meio aos seus era condição de humanidade. Que a existência indicada por Helena não teria permitido que a humanidade nela se realizasse. O que correspondia a um augúrio de extrema gravidade.

É preciso lembrar que os gregos eram gente séria. Quando faziam afirmações, assumiam todas as consequências do que estavam dizendo.

Sugere também que o valor da beleza se realiza completamente na contemplação de outrem. Que a beleza não tem, portanto, valor em si. Mas nos efeitos que enseja. E que esses efeitos podem ser nefastos. Que há risco. Que a suprema beleza pode ser devastadora.

* * *

E Helena prosseguiu.

Afirmou que teria sido muito melhor se a sorte lhe tivesse reservado um homem capaz de sentir o desprezo dos demais. Deduz-se não ser o caso de Páris, seu atual marido.

Interessante. A afirmação parece sugerir que, para Helena, o príncipe não tem brio ou vergonha na cara. Não parece se entristecer com seus vícios. Mas não é exatamente o que ela diz.

Sugere que o marido não se importa com o desprezo dos demais. Ora, para muita gente importante do pensamento antigo, essa blindagem em relação ao olhar do outro é menos uma fraqueza de caráter e mais um traço de sabedoria. De competência de vida.

Tanto que alguns gregos educavam seus jovens sob o comando, por exemplo, dos filósofos cínicos, a provocar e suportar o escárnio de seus concidadãos para criar uma couraça contra a maledicência.

* * *

Helena não terminou. Afirmou que o marido não tem uma alma forte. E que nunca terá. No caso, interpretamos que Helena esteja dando ênfase, entre outras virtudes que faltam ao marido, à coragem.

O que Helena parece sugerir é que não há o que fazer. O marido é, por natureza, como é. Um sedutor covarde.

Se observarmos o que propõe Platão na *República*, veremos que no topo da pirâmide da pólis devem estar os mais dotados para o pensamento, os mais robustos em tudo que concerne à parte superior da alma. E há, por natureza, os que assim o são. Aptos a pensar. Homens que, por serem talentosos para pensar, devem governar.

Na parte central da pirâmide devem estar aqueles que, por natureza, são talhados para o confronto.

Devem ser responsáveis pela segurança da pólis. Seja internamente, seja diante de seus inimigos externos.

Há, portanto, um talento, um traço de natureza, um *daimon* que corresponde a essa atividade de guerra e embate físico.

O que Helena parece sugerir é que esse não é o caso de Páris. Que a natureza lhe deu extrema beleza. Disso já sabemos. Mas o confronto, definitivamente, não será nunca a sua praia.

* * *

Helena, então, pede a Heitor que se sente ao seu lado. Observa que ele parece exaurido e devastado, e que a culpa é dela e de seu marido. Que a tristeza é o único destino que lhes toca enfrentar. E que, por isso mesmo, suas vidas venham a ser cantadas e declamadas por poetas e músicos por toda a eternidade.

Helena sugere aqui que só a vida triste e devastada tem alguma relevância e merece o interesse dos artistas. Que tudo que for vida tranquila, morna e apaziguada tem valor pífio para as artes mais sublimes.

* * *

Heitor responde à cunhada de modo direto. Que ela não lhe peça para ficar ali ao seu lado. Ainda que entenda as suas boas intenções, ainda que saiba que está tentando lhe fazer o bem.

– Deixe-me ir para casa. Para que possa encontrar minha esposa e meu filho. Sei que os combatentes esperam por mim. Mas preciso vê-los antes de voltar para o campo de batalha. Não tenho certeza de voltar a vê-los. E estou sendo muito sincero. A probabilidade de ser morto pelos gregos é considerável. Preciso encontrar minha família antes. Porque poderá ser a última vez.

Capítulo 22

É MAIS FORTE DO QUE EU

Heitor se foi. Deixou Páris e Helena em meio a seus serviçais e rumou para casa.

Lá chegando, chamou pela esposa Andrômaca. A mulher que luta como um homem. É o significado do seu nome. Os escravos informaram que ela tinha saído com o filho Astianacte e com a governanta.

Astianacte. Filho de Heitor e Andrômaca. Neto de Príamo. Sobrinho de Páris. Nome que a leitora e o leitor podem considerar em caso de filho homem. Significa "aquele que reina na cidade". Não é difícil imaginar por quê. Imagine o chamego do vovô rei com esse neto, filho de Heitor.

Era compreensível que Andrômaca tivesse saído de casa. Estavam todos receosos. Os guerreiros troianos davam mostras de debilidade. Na ocorrência de invasão da cidade, o palácio seria muito visado. Na melhor das hipóteses, seriam todos mortos.

Heitor, então, decidiu voltar ao campo de batalha. No caminho encontrou a mulher. Quando o acaso articula permitindo aos grandes de alma mais um gesto de altivez.

A governanta portava o pequeno entre os braços. Era, de fato, uma criança lindíssima. Não havia dúvida. O xodó de toda a corte troiana.

Heitor não conteve um largo sorriso de enternecimento ao ver Andrômaca e o filho. Essas manifestações de afeto eram raríssimas entre os homens guerreiros daquele tempo. Talvez ainda hoje haja restrições a esse tipo de gesto por parte de muitos.

Heitor sorriu.

* * *

Andrômaca foi até ele. E o pegou pela mão. A mulher chorava um choro de tristeza grave e longa. Disse ao marido que a sua força seria também a sua desgraça.

Perguntou-lhe se não tinha compaixão pelo pequeno e por ela própria. Se tinha certeza de que voltaria ao campo de batalha para ser trucidado por um exército inteiro de gregos furiosos.

E Andrômaca seguiu seu lamento. Informou ao marido que, se ela o perdesse, melhor seria morrer também. Porque, para o resto da vida, não haveria a mais remota possibilidade de sossego. Só haveria dor e sofrimento.

Observou que, sendo órfã de pai e mãe, não podia contar com mais ninguém. Que, como Heitor sabia muito bem, tanto o pai quanto os sete irmãos tinham sido mortos por Aquiles, em Tebas, quando os gregos saquearam a cidade em busca de mantimentos.

Quanto à mãe, fora levada por Aquiles, para entretê-lo. Mais tarde fora resgatada mediante pagamento. Mas regressou a Tebas para morrer de dor e desgosto.

Desse modo, Heitor era tudo para ela. Que tivesse, portanto, um pouco de piedade. Que não fosse combater em campo de batalha. Que ficasse na cidade. Na proteção de seus muros. Em tarefa mais segura.

* * *

Heitor respondeu à mulher amada que sabia de tudo quanto ela dizia e tinha a dizer. Mas que ser-lhe-ia insuportável a vergonha se não saísse da cidade para enfrentar o exército inimigo. Que o ímpeto do combate era mais forte do que ele. Que não conseguiria, de jeito nenhum, ficar em casa sabendo do que estava se passando no front.

Heitor afirmou estar ciente de que a cidade de Troia terminaria por sucumbir. O que significaria o fim de Príamo e de toda a sua gente.

E que, quando ele imagina esse dia, não é a dor dos troianos que lhe vem à mente. Nem a do seu pai, mãe ou irmãos. Mas sim a dela, Andrômaca. É nela que pensa. Diz ver um guerreiro grego a fazê-la de escrava, devastada e humilhada. A ouvir ser ela a mulher do mais forte dos guerreiros troianos.

Heitor pede à esposa que possa estar embaixo da terra antes que tudo isso aconteça. Para não ter que presenciar toda a dor que ela, Andrômaca, a mulher que ama, possa vir a ter que suportar.

Dirigiu-se ao pequeno Astianacte, que ainda se encontrava nos braços da governanta. Tomou-o em seus próprios braços. Beijou-o. E o levantou aos céus e disse:

– Zeus e todas as demais divindades do céu, façam que este meu filho seja como eu. O mais forte de todos os troianos. Faça que todos, ao vê-lo voltar da batalha, digam que é ainda mais forte que seu pai. Faça que traga com ele a lança ensanguentada pelos inimigos. E que, nesse dia, sua mãe esteja lá, a alegrar-se de coração.

Depois dessa oração, entregou o pequeno à mãe. Tomado de ternura, disse-lhe que não temesse. Que ninguém conseguiria matá-lo se o destino não o quisesse. E que se, porventura, o destino assim viesse a querer, que estivesse ela certa de que nenhum homem jamais conseguira dele escapar. Covarde ou corajoso.

– Agora, por favor, volte para casa. Deixe que na guerra penso eu. Tome conta de tudo. – E foi se afastando, cheio de dor e lágrimas nos olhos.

CAPÍTULO 23

SE TIVER ALGUM HOMEM AÍ?

Heitor deixou a cidade e retornou apressado ao campo de batalha. Tudo fazia pensar que simplesmente retomaria a luta. Que sairia com lança em punho atacando ao acaso todo soldado grego que se encontrasse nas suas imediações.

Mas não era bem isso que o grande comandante troiano tinha em mente.

Seu cálculo era simples. Se a batalha continuasse nas mesmas condições do dia anterior, a derrota seria certa e rápida. Para adiá-la ou mesmo impedi-la, era preciso surpreender. Trazer um fato novo. Semear a dúvida no campo adversário.

Com esse intuito, Heitor apareceu de inopino e avançou rápido na frente da primeira fila do seu exército. Mantinha sua lança baixa. Comandou, desse modo, os seus a baixar as armas.

Ato contínuo, Agamêmnon também deu ordem aos seus comandados para que fizessem o mesmo.

Novamente, os dois exércitos se encontravam posicionados frente a frente, imóveis e inertes.

E Heitor, encalacrado entre os dois grupos imensos de combatentes, tentava surpreender seus adversários e, desse modo, dar novos rumos à batalha.

Fosse possível ver de cima todo o contingente de combatentes envolvido e o grande guerreiro no meio dos dois grupos, estou seguro de que registraríamos cena de grande impacto.

* * *

Heitor, enfim, depois de longos segundos de jogo de cena, tomou a palavra com solenidade. Em voz alta, porém firme. Sem esganiçar nem demonstrar nervosismo.

– Ouçam-me agora. Vou lhes dizer o que tenho no coração. Os deuses nos estão iludindo. Prometem-nos vitórias e depois nos condenam a esse sofrimento sem fim. A sensação que tenho é de que, por alguma razão, pretendem o prolongamento indefinido dessa guerra. Entendo que é chegada a hora de dar um basta. De modo que, se houver entre vocês, gregos, algum príncipe que tenha a coragem de medir forças comigo em duelo, eu o desafio desde já. Quero ir hoje em direção ao meu destino.

Os exércitos ficaram em silêncio. Os príncipes gregos se entreolhavam em grande hesitação. Via-se o imenso receio de comprar aquela briga. Havia medo evidente de enfrentar Heitor no mano a mano.

Por outro lado, também brotava, em meio aos gregos, um sentimento de grande vergonha, a cada segundo que aquele silêncio constrangedor se renovava.

Ao cabo de tenebrosos e intermináveis instantes, ouviu-se a voz furiosa de Menelau.

– E então, gregos. O que somos? Um punhado de bananas. Heitor nos está desafiando. Não percebem a vergonha de nenhum de nós aceitar de pronto o desafio? Não percebem a desonra que se nos abate a cada segundo de silêncio? Ora. Combaterei eu por todos. E os deuses decidirão a quem tocará a vitória.

Lançou mão de suas armas e avançou em direção a Heitor.

Todos sabiam que Menelau não era páreo para Heitor. Provavelmente ele próprio tinha ciência disso. Assim, alguns dos gregos o interromperam em seu caminho.

Agamêmnon, irmão de Menelau, o chamou com carinho e lhe fez ver que deveria reconsiderar.

– Meu querido irmão, sabemos bem quanto essa hesitação ofende um espírito altivo como o seu. Mas não cabe se meter numa roubada desse calibre, assim, na loucura. Vamos pensar melhor e escolher alguém, digamos, com mais chances de vitória no embate contra Heitor.

Agamêmnon continuou com candura. Ponderou junto ao irmão que até Aquiles, o grande Aquiles, evitaria um duelo com Heitor. Que mandariam algum outro para encarar aquele osso duríssimo de roer.

Menelau sabia que o irmão tinha razão. Escutou-o com atenção e acatou a indicação do grande chefe. Desarmou-se e deixou para outro aquela tarefa.

* * *

Os gregos tinham voltado à estaca zero. Continuavam sem um voluntário para encarar Heitor. A situação se tornava, a cada instante, mais constrangedora.

O que pensariam os compatriotas que não faziam parte daquele exército quando soubessem que, ante Heitor, todos os reis e príncipes gregos tremiam de medo?

O desconforto foi tal que, pouco a pouco, aqui e acolá, algumas mãos foram se levantando. Os candidatos a enfrentar Heitor foram surgindo. Tiraram na sorte. Olha ela aí de novo.

E tocou a Ajax de Telamone a difícil incumbência de enfrentar o chefe troiano. Por sorte, talvez fosse o único dos gregos ali presentes que teria alguma chance contra Heitor.

Ajax celebrou a oportunidade de lutar em nome de todos os gregos. Pediu-lhes suas armas. E também para que rezassem por ele.

Terminou por apresentar-se, em grande estilo, para o duelo. Tratava-se de uma figura imensa. Que impressionava qualquer contendor.

A briga dos dois foi boa. Na obra de Homero, a coisa vai longe. A peleja foi parelha. E a rinha, acirrada.

E como a coisa se arrastava com porrada para todo lado sem uma clara predominância de nenhum dos dois, acabaram indo cada um para o seu canto.

E, como tinha que acontecer em situações desse tipo – quando num duelo o equilíbrio é tal que não se chega à vitória de nenhum dos dois lados porque os contendores teimam em permanecer vivos –, acabaram trocando mulheres e regalos entre eles e se foram.

Situação curiosa. Tudo resolvido e nada resolvido.

Para os gregos, ante a dificuldade de encontrar alguém para enfrentar Heitor, esse empate tinha ficado de bom tamanho. Também para os troianos, que, no início daquela jornada, estavam acuados na batalha, houve um tempo de alívio extra.

Desse modo, cada grupo deu um jeito de encontrar motivos para atribuir-se a vitória. Dos punhos para as narrativas. Dos fatos para as interpretações. Agora era hora de falar a respeito. E construir um acontecido que mantivesse os ânimos em alta.

Capítulo 24
Sábio resultadista

O velho Nestor sugeriu a construção de um muro e um fosso para proteção das tropas gregas ante um eventual assalto dos troianos. A sugestão, num primeiro momento, não foi levada a sério.

Afinal, no mano a mano, os gregos estavam se dando muito bem. Era questão de dias para que Troia fosse definitivamente invadida. E nem mesmo o grande Heitor levara vantagem diante de Ajax. O inimigo já não dispunha de cartas na manga. Construir um muro parecia mesmo, aos olhos de todos, uma providência inútil e descabida.

Para Nestor, eram jovens demais os que não lhe deram ouvidos. E esses de pouca idade teriam, aos olhos daquele ancião, uma ideia antiquada de guerra.

– O que mais importa aos novatos é honra, beleza e heroísmo. Por isso Heitor e Ajax, logo depois de se baterem ferozmente buscando a morte do oponente, trocaram presentes e mulheres. Eu, velho, tenho da guerra, neste momento da vida, um entendimento muito diferente. As boas estratégias devem permanecer distantes dos velhos valores de honra. Hoje sou focado no resultado final. Na vitória última. De nada adianta um desfile de gestos nobres, de enfrentamentos espetaculares, de posturas elevadas se, no final, não houver triunfo.

* * *

Como podemos observar, a partir dessa declaração, Nestor tinha uma concepção bastante pragmática da gestão dos esforços militares. Toda estratégia só tem valor positivo de verdade se levar ao resultado pretendido. À vitória. Em momento algum os recursos poderiam ser desperdiçados sem que houvesse um ganho seguro e calculado a ser alcançado.

– Tanto é pertinente o que estou dizendo que, no final desta história, a guerra foi vencida na malandragem. Com um cavalo de madeira cheio de soldados. A vitória, portanto, resultou de um engano, de um ludíbrio, de um golpe, de uma mentira. Sem nenhuma honra. Não ocorreria nunca numa luta de peito aberto, olho no olho, no embate franco e leal, no duelo altivo e nobre entre cavalheiros. Aos jovens, esse desfecho não lhes parecia digno. Não aceitavam que uma guerra dessa monta terminasse em gesto de pouca nobreza. Eram apegados a valores de tempos antigos. Mas eu, macaco velho, sabia que sem um pouco de malandragem não conseguiríamos alcançar o que buscávamos há tanto tempo. E Ulisses, outro velho de guerra, era da mesma opinião. Talvez fosse ainda mais matreiro do que eu. Sabia bem que uma guerra tão longa seria vencida pelo lado que surpreendesse o oponente com estratégia francamente inesperada. Surpreendente. Fundada, portanto, em outros valores.

* * *

Logo ao amanhecer, os gregos receberam uma delegação troiana.

Dado o desfecho do duelo entre Heitor e Ajax, e como não tivesse havido vitória de seu líder maior perante o combatente grego, propunham devolver-lhes as riquezas de Helena, levadas por Páris quando da sedução de há dez anos.

Mas Helena, ela mesma, não seria devolvida.

Era essa a proposta para pôr um fim àquele enfrentamento. A mulher, não. As riquezas, sim. Por fim, propuseram os troianos um balaio com belíssimas mulheres para compensar a gatunagem de que fora vítima Menelau.

Os troianos, claramente, temiam que os deuses não perdoassem aquela traição suscitada por Páris.

Ora, veja que situação curiosa. Pois não fora a própria Afrodite, deusa do amor, a oferecer ao príncipe troiano a condição para seduzir a rainha de Esparta?

Não fora Zeus, deus maior do Olimpo, a patrocinar a festa de matrimônio de Tétis e Peleu, a convocar Páris para decidir entre as três pretendentes à maçã de ouro? Como poderiam os deuses se insurgir contra o encaminhamento de uma trama cuja origem foi toda tramada por eles próprios?

* * *

Ante a proposta dos troianos, Diomedes, o grande combatente grego que, como sabemos, estava desequilibrando aquela guerra, levantou-se e disse:

– Nem se nos devolvessem a própria Helena deveríamos aceitar essa proposta, meus companheiros. Tá na cara que estamos a um passo da vitória. E que os troianos já se deram conta de que mais cedo ou mais tarde sucumbirão. Estão tentando evitar o pior. Mas agora é tarde. Agora devemos ir até o fim. E mostrar para esses asquerosos quanto dói uma saudade.

A única medida que foi tomada em comum acordo entre os dois grupos foi um dia de trégua para que os exércitos recolhessem e cuidassem de seus mortos, oferecendo-lhes um ritual fúnebre condizente.

E assim se fez. Um dia inteiro recuperando e reconhecendo cadáveres, corpos estendidos, soldados abatidos em batalha. Havia que lavar-lhes o sangue para o reconhecimento. Fogueiras, de lado a lado, recebendo dezenas e dezenas de corpos humanos, alimentando o fogo da cremação, em meio ao choro dos camaradas mais próximos, dos parentes também combatentes e amigos.

Um imenso velório coletivo em pleno campo de batalha reuniu gregos e troianos num desconsolo sem fim.

Capítulo 25
Pão Quente

Fim da trégua. O dia de recolher os mortos chegou ao fim.

As fogueiras, ainda quentes, conservavam pontos dispersos de fogo. Milhares de soldados de ambos os exércitos tiveram ali seus corpos cremados.

A desolação era imensa, vocês podem imaginar. Aquele funeral coletivo devastou do primeiro ao último dos envolvidos. A morte era de companheiros de guerra. Mas também de amigos, parentes, familiares, enfim, de gente amada que não tinha que morrer ali.

Nem todos os cadáveres puderam ser identificados, tal a desfiguração de suas fisionomias.

O silêncio profundo, a falta de luz no céu e o aroma da matéria orgânica queimada nas gigantescas lareiras em brasa conferiam ao cenário toda a sua densidade fúnebre.

* * *

A aurora do dia seguinte anunciava o esperado. A continuação da luta. Massacres renovados. Óbitos em profusão. Lanças perfurando corpos. Cavaleiros tombando para o júbilo escarnecido de seus algozes. Jatos de sangue manchando em jorros o pó da terra. Palavras de ordem gritadas em ameaça máxima.

* * *

Enquanto os gregos ainda se aprontavam para o combate, uma multidão ruidosa de soldados troianos, provenientes dos grotões da cidade, atravessou o grande portal, rumando velozmente em seus encalços.

A algazarra do movimento de seus corpos, das armas e dos gritos gerou junto aos oponentes uma sensação de perigo e de temor superior ao que poderiam efetivamente causar com seus contingentes.

A vantagem de alguns minutos revelou-se decisiva, surpreendendo um oponente ainda desmobilizado. Era como começar a trocar socos com alguém que acabara de calçar a primeira meia.

Desta feita, a sequência dos acontecimentos se mostrava em benefício dos troianos.

* * *

Os exércitos se encontraram em meio à planície de sempre. A velha e boa planície, conhecida e esquadrinhada por ambas as partes ao longo da década de enfrentamentos.

Como sempre se passava, um furor incessante de choques entre lanças, escudos, couraças ensejava gemidos, gritos de triunfo e veios de sangue por toda parte.

Em torno do meio-dia, com o sol já a pino, a peleja pendia claramente para os comandados de Heitor.

* * *

Em meio ao recuo dos gregos, o cavalo de Nestor foi alvejado. Uma flecha lançada por Páris o atingiu na cabeça, justo acima dos olhos. Abatido o animal, o cavaleiro foi ao solo. Na tentativa de fuga, o respeitado ancião foi perseguido pelo próprio Heitor. A morte era iminente.

Em busca desesperada por ajuda, Nestor vê Ulisses, que também batia em retirada, tentando escapar daquela inesperada ofensiva inimiga. O ancião clama por socorro, sem, contudo, obter resposta.

Quem acaba por acudir o velho sábio, impedindo o seu fim, foi mesmo Diomedes. O colossal guerreiro grego, cheio de moral pelo êxito de seus recentes enfrentamentos, surge de inopino, proveniente como que do nada ou dos céus, estendendo-lhe a mão e fazendo-o subir em sua carruagem.

Nestor, em gesto valoroso de valentia, assume as rédeas e remete os cavalos contra os de Heitor. Diomedes, aproveitando-se do inesperado gesto e da surpresa do comandante troiano, arremessa a lança em sua direção com toda a força de que dispunha.

Mas aquele não era mesmo um bom dia para os soldados de Agamêmnon. A lança atravessa o vazio, errando seu alvo.

Pois é. Como dizia meu velho pai, referindo-se ao ritual diário de dirigir-se à padaria para comprar pão:

– Não é todo dia que tem pão quente.

Nestor entendeu que era hora de cair fora dali. Mas Diomedes não pensava o mesmo. Abandonar aquele confronto daria a Heitor a ocasião de se gabar para sempre daquela fuga.

Como o ancião vivia dizendo, os jovens combatem à moda antiga. Amam a honra. E, por isso, acabam por perder as guerras.

CAPÍTULO 26
ELE É O CARA

Os gregos terminaram a jornada acuados. Todos protegidos pelos muros cuja importância tão poucos tinham enxergado. Graças a Nestor e sua sabedoria prudente, tinham com o que se proteger.

Quando chegaram àquele lugar, uma década atrás, fora para tomar Troia de assalto. Derrubar seus muros e invadir a cidade. Subjugar seus moradores. Fazer e acontecer.

Ei-los agora, os gregos, cercados e na defensiva.

A coisa tinha ficado mesmo muito feia. Era preciso astúcia para reverter aquele cenário tão desfavorável.

Em meio às alternativas cogitadas, uma valia todos os riscos. Tinha que ser tentada a qualquer custo. Atendia pelo nome de Aquiles. Sem ele, a vitória sobre os troianos se afigurava impossível. Estava mais do que na hora de o grande guerreiro grego voltar ao combate.

Vocês, leitora e leitor, se lembram, com certeza. Aquiles, indignado, retirara-se do combate. Fora aconselhado pela mãe, Tétis, a não retomar a batalha. Por mais que sentisse falta do enfrentamento. Ela lhe assegurou que, quando o calo apertasse, aqueles mesmos que o ofenderam viriam, de joelhos, solicitar o seu perdão.

E não deu outra.

Mas seria preciso convencê-lo a retomar a guerra. Sabemos quanto ficara magoado com Agamêmnon no episódio da peste, de Crise e das meninas Criseide e Briseide.

* * *

A comitiva encarregada de visitá-lo foi escolhida a dedo. Nela figuravam os mais chegados ao grande herói. Os melhores amigos. Os parceiros de toda a vida. Os mais "gente fina", no entender do herói.

Desse modo, foram obviamente excluídos todos os desafetos. Só ficaram mesmo os que lhe caíam bem. Eram cinco.

Ulisses na dianteira. Todos sabiam o apreço de Aquiles pelo futuro protagonista da *Odisseia*. Logo em seguida, Ajax. O imenso guerreiro que medira forças com Heitor sem se curvar. Junto deles, Fênix.

* * *

Uma palavrinha sobre esse último. Consta que seu pai, Amintor, o cegou. O castigo decorrera da falsa acusação de que Fênix teria tentado seduzir sua amante, uma tal de Ftia. De acordo com o que é cantado na *Ilíada*, Fênix foi obrigado pela mãe a dormir com a amante do pai para que esta fosse desprezada pelo marido.

Ftia era o nome dessa amante. Fico imaginando como não era fácil chamá-la no dia a dia, Ftia, com essas duas consoantes agarradas e sem entrosamento.

Peleu, que suponho, a essa altura já fosse marido de Tétis, pediu a Quíron que o curasse da cegueira. E fez dele rei dos dólopes.

Fênix é louvado pela sua sabedoria. E foi decisivo na formação moral de Aquiles. No entanto, sua presença nessa comitiva se deve menos à amizade com o herói e mais ao apreço de Zeus por ele. É sempre bom agradar ao deus maior na hora de uma investida de resultado tão imprevisível.

Os outros dois que compunham a delegação do convencimento eram arautos. Ódio e Euríbate. Deviam ser também camaradas de Aquiles nas rodas de samba de sábado à tarde.

Capítulo 27
Unha e carne

Aquiles permanecera recluso desde a desavença com Agamêmnon. Vivia protegido e entretido pelos mirmidões. Esses eram seus parças de verdade.

Acho que vale a pena uma palavrinha sobre eles. Afinal, estamos entre amigos, e aos amigos contamos o que não gostaríamos que passasse assim, de boca em boca, sem a devida distinção.

Os mirmidões eram um povo tessálico. Curioso que essa terminologia "mirmidão" deriva de mymex, que quer dizer formiga. Portanto, não seria de se estranhar que em algum lugar do planeta fossem tratados de formigões. Eram, como disse, unha e carne com o nosso herói.

Os tais mirmidões não tiveram vida fácil.

Viviam na ilha de Égina, onde reinava o grande Éaco. O problema é que esse tal de Éaco era filho de Zeus e de sua mãe, chamada Égina. Como puderam adivinhar, a mãe de Éaco emprestou seu nome à ilha onde viviam.

Você, leitora e leitor, lê tudo isso e se pergunta: mas onde está o problema? O que tem a ver a mãe de Éaco ter o mesmo nome da ilha onde moravam?

Entendo a inquietação. Afinal, eu tinha dito que os tais mirmidões não tiveram vida fácil.

Acontece que Égina era mais uma das incontáveis amantes de Zeus, cuja esposa oficial, como sabemos, era Hera. Estamos na mesma situação de Hércules, também filho de Zeus com uma amante. E vocês se lembram de que Hércules comeu o pão que o diabo amassou na mão de Hera.

Pois foi exatamente a mesma coisa que aconteceu com os habitantes da ilha de Égina. Hera mandou uma peste que simplesmente dizimou a população local. Tudo por conta de mais esse deslize de Zeus, seu marido incontrolável.

* * *

Bem, voltemos à *Ilíada*. A delegação dos gregos chegou às portas de Aquiles. Esse parecia bem de boa. Tocando e cantando. Distraía-se assim de suas mazelas do coração. Tocando e cantando. Coisa de melodia e letra.

Quanto à melodia, Aquiles tinha ficado com uma linda cítara com adereços em prata, pilhada num daqueles famosos saques às cidades vizinhas. Esse instrumento faz lembrar uma harpa, em tamanho menor e com menos cordas. Acho que alguns também a chamam de lira.

No que diz respeito à letra, Aquiles cantarolava cantigas conhecidas, sobre feitos heroicos. Essa temática, é bom que se diga, permaneceu em voga no cancioneiro popular até muito recentemente. Você certamente se lembra, na literatura portuguesa menos recente, do quanto as façanhas dos heróis povoavam o imaginário dos poetas.

* * *

Era bem frequente que Pátroclo ficasse escutando as cantigas declamadas em canto por Aquiles. E, antes que você me pergunte quem era esse Pátroclo na fila do pão, eu já te esclareço, ainda que em singela arranhadura na epiderme.

Não fosse pela proximidade com Aquiles, Pátroclo seria um personagem bastante secundário nessa trama. Mas como as coisas são como são, ei-lo ocupando um grande protagonismo.

Começo dizendo que era filho de Meneceu, o que deve despertar aflição no interlocutor. Afinal, dar como referência a um personagem desconhecido outro igualmente desconhecido é uma grande burrice. O pior é que não temos páginas para falar do tal Meneceu.

Então, mudemos de estratégia.

Pátroclo foi exilado de seu reino quando miúdo. Não tenho como explicar por quê. Mas importa aqui que acabou indo viver no reino onde vivia Peleu, pai de Aquiles. Os dois guris foram amigos de infância. Cresceram juntos. Eram inseparáveis. Tipo melhores amigos.

Claro que você está se perguntando até que ponto essa amizade avançou em tempos de adolescência e juventude. Pois, como estamos cuidando da *Ilíada*, importa dizer que Homero nunca foi taxativo a esse respeito.

Para muitos intérpretes, no entanto, os indícios sempre foram mais que suficientes para deduzir um romance entre ambos. Assim, em obras como a de Ésquilo, e até mesmo de Platão, ambos são apresentados como amantes, em total convicção.

Entre esses indícios, destacamos que Aquiles e Pátroclo dividiam a mesma tenda. E dormiam na mesma cama.

Claro que a força desse indício depende dos usos e costumes do tempo em voga. Com meus olhos de hoje, os únicos que tenho, não posso afirmar que essa informação seja determinante de uma relação com intimidade física.

E, para dar um exemplo dos meus tempos de infância, Stan Laurel e Oliver Hardy, protagonistas da conhecidíssima dupla humorística *O gordo e o magro*, dividiram a mesma casa e a mesma cama, em vários episódios, sem que essa mesma ilação fosse sugerida.

Continuando.

Em vários momentos da obra, Homero destaca que ao herói grego, para tomar qualquer decisão, só lhe importava mesmo consultar seu amigo.

Essas consultas também não me parecem necessariamente indicativas de uma vida íntima em comum.

Talvez seja na morte de Pátroclo que as evidências tenham se tornado mais inequívocas.

Ante o cadáver de seu amigo, Aquiles cogita degolar-se. Não conseguiria viver sem ele. Entra em jejum por muitos dias e mantém o corpo do companheiro em sua cama pelo tempo que pode.

Após a cremação, Aquiles recolhe as cinzas de Pátroclo. Note-se que esse ritual era destinado às esposas dos maridos cremados.

Pede também aos soldados que, quando da sua própria morte, que suas cinzas fossem colocadas na mesma urna em que se encontravam as de seu amigo. Para que ficassem juntos pela eternidade.

Que a leitora e o leitor tirem suas conclusões. E pronto.

Capítulo 28
Baby Come Back

Aquiles cantava. E Pátroclo ouvia. Embevecido. Gostava muito de ouvir seu amigo cantar. Deleitava-se com a sua voz. Sentia que cantava para ele. Seu espírito voava solto. A imaginação flutuava em brisas de ir e vir.

E assim ficavam. A sós. Por horas. Bem próximos. Corpos colados, não raro. Com Aquiles dedilhando a cítara. E Pátroclo deixando-se sensibilizar em ternura e carinho.

Foi em meio a esse cenário que surgiu a delegação comandada por Ulisses.

Não é difícil supor a ruptura de clima causada pela chegada não esperada daqueles antigos companheiros.

No entanto, o acerto da escolha dos integrantes do grupo se revelou evidente desde os primeiros instantes. Aquiles mostrou-se muito feliz com aquela visita. Eram mesmo os mais caros dentre os companheiros de luta. Os mais queridos e que tinham deixado alguma saudade.

De pronto, Aquiles os fez sentar.

* * *

Pátroclo permaneceu silente. Não faltavam motivos para sentir na garganta amarga o ciúme de amigo. Afinal, durante quase o tempo todo, Aquiles era só seu. Completamente seu. Eis que surgem, do nada, aqueles homens que, ainda por cima, contavam com a grande estima do seu companheiro. Não é preciso muito para constatar a perda.

Aquiles pediu ao amigo de sempre para trazer vinho aos recém-chegados. Este atendeu ao pedido sem acusar nenhum desconforto. Para Pátroclo, dar mostra de seus afetos indicaria uma fragilidade que não lhe convinha manifestar.

Trouxe-lhes, além do vinho, pão e carne. Teriam os visitantes do que se fartar. Comeram e beberam todos, no interior da tenda dos dois amigos.

Jogaram conversa fora por horas, sobre assuntos os mais diversos. Temas que lhes acudiam ao espírito, no sabor dos chistes e das pilhérias, turbinados pelo álcool que ia a cada minuto marcando o ritmo das revelações mais picantes.

* * *

Depois de muita conversa boa e alguma risada solta, Ulisses finalmente disse a que veio.

Para conferir alguma solenidade ao novo momento da reunião, afinal, o tema a ser tratado exigia mais contrição e seriedade, levantou um brinde a Aquiles, trazendo com ele o resto da turma em saudação contida.

– Saúde ao grande Aquiles! Farto e saboroso é o seu banquete. Mas viemos também por outro motivo, além de sua comida e de seu vinho. Estamos na iminência de uma grande catástrofe. Um imenso desastre se avizinha. Se nada de muito novo acontecer, em poucos dias estaremos arruinados.

"Se você, Aquiles, não retomar a luta, não conseguiremos salvar nossas embarcações. Os troianos ocupam posição para lá de vantajosa. Acendem suas fogueiras aos milhares, bem ao pé dos muros que construímos para nossa defesa. Ameaçam-nos, semeando um temor que nunca havíamos sentido ao longo de toda a batalha.

"Heitor parece tomado por forças transcendentes. Acometido de fúria. Indomável. Possuído por uma ira em descontrole. Afirmou estar a esperar tão só a aurora vindoura para queimar as nossas naves e nos massacrar.

"E eu, amigo Aquiles, posso assegurar que o fará. Não lhe faltam nem meios nem vontade. Morreremos todos. Longe de casa. Depois de passar os dez últimos anos longe dos nossos.

"Mas, se você retomar a luta, semeará a dúvida no inimigo. Roubará sua confiança. E nos dará o tempo necessário para organizar uma contraofensiva.

"Certamente você, Aquiles, se lembra do dia em que seu pai Peleu te viu partir, integrando o exército de Agamêmnon. E ele te disse que os deuses te dariam a força. Você se lembra disso, claro, amigo Aquiles. Mas você, por orgulho, parece ter esquecido as palavras de seu velho pai.

"Lute. E os gregos te honrarão.

"Vim para te assegurar que, se você retomar a luta, Agamêmnon te oferecerá mulheres belíssimas, preciosas, encantadoras. As mais belas que há.

"Sem falar das compensações econômicas a que terá direito, quando tivermos reagido e tomado Troia em definitivo. Ouro, cavalos, indumentárias finas, tudo que quiser. Ganhará também sete mulheres de Lesbos, especializadas em trabalhos perfeitos.

"Mais ainda. Nosso comandante maior te devolverá Briseide. E te jurará nunca ter dormido com ela.

"Mais do que isso. Agamêmnon gostaria que você esposasse uma de suas três filhas. E você poderá escolher a que quiser."

* * *

Bem. Como a leitora e o leitor bem podem observar, as ofertas não terminavam mais. A ponto de cansar este escriba que vos narra o episódio. Enquanto isso, Aquiles ouvia impassível a tudo que o grande Ulisses lhe prometia, caso mudasse de ideia.

Resta saber agora o que responderá Aquiles. Mas isso requer um novo capítulo. Já estou exausto de tantos oferecimentos. Hora de repouso. A resposta de Aquiles pode bem esperar.

Capítulo 29
Nem a pau, Juvenal

Opa. Eu ia esquecendo. Entre todas as ofertas que Ulisses apresentou a Aquiles, destacou-se uma, talvez a mais impressionante de todas.

Se o amigo de Pátroclo viesse a renunciar a sua ira e retomasse o combate, receberia em dote, pelo matrimônio com uma das filhas de Agamêmnon, sete das mais ricas cidades do seu reino. Todas à beira-mar.

Aquiles se tornaria o rei de todas elas. Habitadas por gente rica. Proprietários de cabeças e mais cabeças de gado. Para além de todos os privilégios e honrarias, ele ainda poderia cobrar-lhes pesados tributos.

* * *

Ante a postura impassível e a fisionomia pétrea de seu interlocutor, Ulisses arrisca duas cartas derradeiras. Cada qual fazendo apelo a um valor sabidamente muito considerado pelo filho de Peleu. A compaixão, de um lado. A glória, de outro.

Segue Ulisses, já apelando para seus últimos trunfos.

Caso nenhum dos oferecimentos por ele apresentados até o momento interessasse a Aquiles, que ele pelo menos tivesse pena de todos os gregos envolvidos naquela guerra. Afinal, não tinham nada a ver com a soberba e os desmandos de Agamêmnon.

E emendou na sequência, sem dar muito tempo de reação ao interlocutor.

Era aquele, sem dúvida, o melhor momento para enfrentar Heitor. Seria uma glória imensa derrotá-lo em situação tão adversa. Uma oportunidade de ouro para auferir todas as glórias ao maior de todos os heróis gregos.

* * *

Aquiles ouviu até o fim, com atenção e respeito, um a um dos argumentos de Ulisses. Quando tomou a palavra, disse-lhe que seria direto e claro, para que não perdessem tempo a conversar sobre o que já estava decidido.

Afirmou, com serenidade e convicção, que não havia um único grego vivo capaz de convencê-lo a voltar para o campo de batalha. Que sua ira não havia arrefecido em nada.

Disse que arriscara sua vida muitas e muitas vezes, que se empenhara como nenhum outro combatente pela vitória dos seus. Que destruíra doze cidades inimigas por mar e outras onze por terra. Que se apossara de imensos tesouros. E que nunca tomara nada para si. Que tudo entregara a Agamêmnon. E que este, em troca, lhe houvera tomado a mulher que amava.

Que reconhecimento, nunca tivera nenhum. Pelo contrário.

– Sei bem com que espécie de gente estou lidando. Agamêmnon não me enganará outra vez. Tenho certeza de que encontrarão uma solução. Já fizeram tanta coisa sem mim. Saberão sair dessa também.

"Nem que me prometessem mil vezes tudo que ofereceram. Não quero nenhuma das mulheres oferecidas. Não me casarei com uma das filhas de Agamêmnon. Nem que fossem as últimas mulheres do mundo. E digo mais: nem todas as riquezas de Troia valem a vida boa, bem vivida, em casa e em paz.

"Espero que digam a Agamêmnon exatamente qual foi a minha resposta. E melhor ainda seria que a comunicassem na frente de todos. Para que soubessem por que não contarão mais com minhas forças."

* * *

Em meio a todas essas palavras de rancor, Ajax sugeriu a Ulisses que fossem embora. Que nada conseguiriam naquela visita. Que o coração de Aquiles era orgulhoso e selvagem. Incapaz de entender a amizade que lhe estavam oferecendo.

Os gregos esperam por uma resposta. Era urgente regressar para comunicar-lhes o que lhes havia dito Aquiles. Ainda que fosse duro, triste e cruel.

E assim se fez. A delegação grega abandonou a tenda de Aquiles de mãos abanando. Chegaram cheios de esperança e regressavam desiludidos e apequenados.

Ficamos por aqui. Agora só abrindo novo capítulo.

Capítulo 30
Deixa que eu bato

Dormiam todos, vencidos pelo cansaço. Salvo Agamêmnon, atormentado pelos acontecimentos mais recentes. O líder maior contemplava o cenário da guerra, imenso espaço escuro de planície onde se situava o reduto inimigo.

Focos de fogo rompiam a escuridão, ofuscando a vista. Os mais próximos em tochas ardentes, os mais distantes em pontos vivos e dançantes de luz amarela.

Algo se ouvia dos soldados troianos posicionados nas imediações. Pareciam relaxados. Alguns cantarolavam, outros riam. Até melodia de instrumento enriquecia a descontração.

* * *

Agamêmnon, tomado pelo temor da derrota iminente, foi procurar Nestor. Confiava na sua experiência.

Era o decano da turma. O mais velho e também o mais sábio.

Talvez Nestor tivesse em mente alguma saída para os gregos. Quem sabe, pensando juntos, vislumbrassem alguma solução para aquela situação encalacrada em que se encontravam.

No caminho, Agamêmnon encontrou seu irmão Menelau. Este tampouco conseguia dormir. Encontrava-se igualmente devastado pelo que poderia ocorrer aos gregos. Afinal, estavam lá há uma década para vingar um ultraje por ele sofrido.

– Fazendo o que por aqui, meu irmão, todo armado desse jeito? Pensa em mandar alguém ao acampamento troiano para espionar?

– Indo falar com Nestor. Quem sabe ele não me traz um bom conselho.

Ao chegar à tenda do ancião, Agamêmnon o encontra deitado, repousando. Com as armas ao lado. Embora de mais idade, aquele sábio ainda combatia sem se curvar.

– Diga quem está aí. Não avance.

– Calma, Nestor. Sou eu, Agamêmnon. Te procuro porque não consigo dormir. Estou tomado pela angústia. Não sei o que pode nos acontecer. E o que me passa pela cabeça não é nada bom. O coração parece saltar fora do peito e as pernas tremem. Por que não me acompanha ao posto de vigilância? Assim verificamos se estão todos despertos e conversamos.

– Grande chefe maior. Por que teme? Heitor não vencerá todas as batalhas. E ainda sofrerá muito. Arrisco dizer que terá mais perdas do que as que nos infligiu até hoje. Esperemos que Aquiles volte ao combate e nos ajude a reverter essa situação. Verá que nada como um dia após o outro.

* * *

No caminho tiraram da cama Ulisses e Diomedes. Em pouco tempo estavam todos vestidos no posto de guarda. Os vigias ali se encontravam, todos acordados.

Em vista disso, foram saudados por Nestor.

– Se continuarem vigilantes assim, teremos sempre nossos inimigos em respeito por nós. Não se rirão nunca de nossas fragilidades.

Nestor prosseguiu:

– Há entre vós quem tenha a coragem e a astúcia necessárias para ir espionar as tropas de Heitor? As informações colhidas poderão nos ser de grande valia. Temos que descobrir, sobretudo, se os troianos têm intenção de continuar combatendo por aqui, junto aos nossos muros, ou se pretendem voltar e defender os muros de sua cidade.

Diomedes, ao tomar conhecimento daquele plano, não pensou duas vezes e se apresentou como voluntário. Fez lembrar aquele jogador cheio de autoconfiança que, na final do campeonato, põe a bola debaixo do braço e avisa: pode deixar que eu bato.

– Eu tenho a coragem e a audácia necessárias para essa tarefa.

Faltava-lhe ainda, segundo ele próprio, alguém para acompanhá-lo. Seria muito importante um segundo espião, sobretudo em situações mais complicadas.

– Com um companheiro, terei ainda mais coragem e serei mais audacioso.

Diomedes supunha que Ulisses fosse a pessoa mais indicada para acompanhá-lo. Como era sabido por todos, astúcia nunca lhe faltaria.

Desse modo, sem mais delongas, partiram ambos. Fortemente armados e protegidos. Carregando a esperança dos seus, tão acuados e temerosos.

Capítulo 31
A garça sabe das coisas

Partiram. Diomedes e Ulisses.

Ainda que tenha sido Diomedes o primeiro a se apresentar para aquela tarefa, a importância de Ulisses na fila do pão, nas narrativas mitológicas e, por que não, para a cultura ocidental, nos obriga a inverter a ordem.

Melhor começar de novo.

Partiram. Ulisses e Diomedes.

* * *

Não tinha ainda sujado a sola e uma garça sobrevoou a ambos com alarido estridente. Para Ulisses, era um aviso divino. Atena tentando estabelecer contato, quem sabe.

Melhor orar. Por via das dúvidas.

– Que possamos, maior das deusas, voltar para casa, Diomedes e eu, sãos e salvos. E tendo realizado algo importante, com consequências inesquecíveis para os troianos. Nefastas, de preferência. Por favor, Atena. Não é hora de se fingir de morta. Menos ainda de mudar de lado. Ajude-nos. Porque estamos precisando. Mais do que nunca.

* * *

Avançavam às pressas em meio aos cadáveres, pisando terra suja de sangue velho.

Quando o escuro e o silêncio começaram a aguçar as cordas do devaneio que aterroriza, eis que Ulisses fez sinal ao companheiro, chamando-lhe a atenção.

– Shiuuuuu. Ouça. Preste atenção nesse barulho – cochichou o rei da astúcia.

Ouviram ambos passos acelerados. Alguém que se aproximava. Vinha veloz em direção ao acampamento dos gregos. Provavelmente tendo partido dos redutos troianos.

– Deixemos que avance um pouco mais – sugeriu Diomedes. – Quando tiver passado por aqui, impediremos o seu retorno. Ficará bloqueado.

Assim fizeram.

Quando tiveram certeza de que o transeunte se encontrava entre a posição que ocupavam e o lado grego, saíram em seu encalço.

Num primeiro momento, o perseguido imaginou tratar-se de companheiros troianos. Isso permitiu aos dois gregos uma aproximação. Quando se deu conta de quem eram, pôs-se a correr com a velocidade que tinha nas pernas.

Os gloriosos integrantes da esquadra de Agamêmnon ordenaram que parasse. Desobedecidos, empreenderam uma caçada.

Difícil saber quanto durou. Temos a impressão de que o abelhudo deu uma canseira nos dois combatentes. Talvez mais jovem, mais leve, mais ligeiro.

Já se encontravam próximos do muro dos gregos quando Diomedes disse que dispararia a lança se ele não parasse. E o fez. Não para acertar. O grego era muito preciso em seus arremates. Não queria matá-lo. Quis apenas mostrar que poderia fazê-lo se quisesse.

A astúcia surtiu o efeito esperado. O troiano foi estancando o passo. Terminou encurralado. Entre seus perseguidores e os muros gregos.

Foi quando puderam vê-lo um pouco melhor. Era de fato bem jovem. E parecia muito amedrontado.

* * *

Ser abordado por Diomedes e Ulisses em qualquer circunstância já seria impactante. Mas pertencendo a um grupo que guerreia contra eles há dez anos é, certamente, muito mais assustador. De modo que o nosso jovem tinha todos os músculos travados de temor. Batia os dentes e tremia muito.

– Não me matem. Meu pai poderá recompensá-los. Pagará qualquer resgate. É um homem muito rico.

Chamava-se Dólon. Era filho de Eumedes. Que, de fato, era homem muito rico. Confirmou o que já suspeitavam seus perseguidores. Era espião troiano. Colega de tarefa, portanto. Missionários cruzados. Empreenderia junto aos gregos o que Diomedes e Ulisses pretendiam também fazer junto aos troianos.

Há de convir que os gregos investiram muito mais nos seus recursos humanos de espionagem.

Ulisses e Diomedes se deram conta de que era preciso manter o troiano em pânico. Desse modo, faria de tudo para se salvar. E lhes revelaria tudo que precisavam fazer.

Dito e feito.

Dólon deu logo com a língua nos dentes. Passou o serviço completo, imaginando que, desse modo, salvaria a própria pele. Revelou-lhes informações preciosas de onde se encontravam as peças-chave das forças troianas e qual a rotina de suas atividades.

Ocorre que, tão logo os gregos tiveram certeza de que o jovem troiano nada mais tinha a lhes dizer, executaram-no sumariamente. Como era, aliás, previsível ante o entendimento generalizado a respeito do valor da vida naquele cenário, em especial da vida de um inimigo.

* * *

Diomedes e Ulisses não perderam um só segundo. Era preciso tirar proveito do relaxamento momentâneo

do inimigo, bem como das informações frescas e privilegiadas de que dispunham, cujo valor desapareceria tão logo os troianos dessem pela falta de seu espião.

A leitora e o leitor já entenderam.

Assim pensariam os troianos: Dólon não voltou. Foi pego pelos gregos. Deve ter aberto o bico. Cautela máxima. O que lhes terá dito? Posições e estratégias.

Pronto. Estando precavidos, seria muito mais difícil agredi-los.

* * *

Por isso, naquela mesma noite, Ulisses e Diomedes retomaram o caminho do acampamento troiano. E constataram que Dólon não lhes houvera enganado. Pelo contrário. Estava tudo tal e qual o miúdo troiano lhes havia explicado.

Isso permitiu aos gregos, na calada da madrugada, realizar uma autêntica carnificina. Mataram todos que conseguiram. Convertendo com agilidade adormecidos em mortos. Lanças no peito. Um após outro.

E, quando julgaram que começaria a ficar arriscado – afinal, desperta-se por qualquer coisa –, partiram, deixando para trás, de regalo de guerra, um cenário impiedoso de mortandade e destruição.

CAPÍTULO 32
NOSTALGIA E SAUDADE

Um capítulo de refresco. Curtinho e distraído. É só o tempo mesmo de trocar de cenário. Assim você aproveita para mudar de posição, esticar as pernas e distender o espírito.

* * *

Saudade para nós, lusófonos. Nostalgia para os demais. Com detalhes de significado a ajustar. Semânticos, como dizem os inteligentes.

Nostalgia reúne do grego duas outras noções: retorno e dor. Trata-se apenas de um ardente e sofrido desejo de retornar ao próprio país, lugar, nação, ambiente. Um retorno difícil ou mesmo impossível.

Perceba que o termo tem sentido bem específico. O nostálgico sente falta da sua terra. E de nada mais.

Desse modo, em princípio, essa nostalgia não contempla a saudade que sentimos todos, por exemplo, daqueles que amamos e que, por alguma razão, não estão presentes.

Eu sinto saudade dos meus pais, que já se foram. Mas não nostalgia. Esta eu sinto do Brasil, de São Paulo.

Isso já aconteceu, algumas vezes, em outras épocas, quando estive, por longos períodos, em qualquer outro lugar do mundo sem poder voltar e querendo muito fazê-lo.

O termo nostalgia surge bem recentemente. Em tese acadêmica de Johannes Hofer, do século XVII, na Alsácia. Mas o sentimento a que ela se refere, esse existe desde sempre. Desde que humanos se estabeleceram, fincaram raízes e, por alguma razão, tiveram que se afastar de seus lugares.

* * *

Era esse, com certeza, o caso dos bravos combatentes gregos, há uma década acampados nas imediações de Troia, distantes de suas casas, de suas cidades. Estavam todos nostálgicos.

Uma paixão triste, por certo. Apequenadora.

Que advém do contraste de uma imaginação terna que se borra com o tempo e uma realidade vívida e hostil que se impõe. Da distância entre o lugar em que se deseja estar, mas que só pode ser imaginado, e o outro, bem diante de si, que se percebe bem, mas que causa asco.

Tal como já pudemos observar, desse mal os troianos não sofriam.

Muitas das devastações, quase todas, aliás, eram comuns aos combatentes de ambos os lados. Mas a nostalgia era exclusividade grega. Que, por certo, lhes agregava tristeza e impotência.

Os troianos, bem ou mal, combatiam em casa.

Capítulo 33
Por quem te tomas?

Diomedes, por ele, já teria mandado sumariamente aquele troiano abelhudo para o Hades. Mas Ulisses o impediu. Queria interrogá-lo. Precisava de informações que, morto, não poderia facilitar.

Ante as súplicas balbuciadas do mancebo, Ulisses ordenou-lhe que parasse com aquela cantilena inútil. Que se dispusesse a colaborar com os gregos.

Naquele instante, responder às perguntas de seus inquisidores lhe pareceu ser a única iniciativa salvadora.

* * *

A primeira pergunta era óbvia. O que cargas d'água ele pretendia, perambulando longe do acampamento troiano tão tarde da noite?

Estaria, por acaso, apenas recuperando as armas dos combatentes mortos ou era mesmo um espião mandado por Heitor para bisbilhotar e obter informações sigilosas a respeito dos inimigos?

O rapazola, asfixiado pelo medo, não parava de suplicar, aos prantos.

Quando finalmente conseguiu articular uma frase, afirmou que era tudo culpa de Heitor. Que ele próprio fora enganado.

O grande comandante troiano queria saber se havia vigias a controlar o movimento ou se os gregos já estavam em rota de fuga, prontos para debandar. Como recompensa pela informação, Heitor lhe teria prometido os cavalos e a carruagem de Aquiles.

Ulisses não conteve o riso e, cheio de ironia, fez ver ao jovem o que era e o que lhe cabia.

– Você quer os cavalos de Aquiles? Só isso? Não quer mais nada? Sem querer subestimá-lo, meu caro, não deve ser nada fácil para alguém como você controlar cavalos acostumados com Aquiles, você não acha? Com muito esforço o próprio Aquiles os doma. Estou falando de Aquiles, eu insisto. Um homem completamente fora da curva. Um meio deus. Talvez você esteja a tomar-se por quem manifestamente não é. Não se esqueça de que a boa noção de medida pressupõe outra boa dose de autoconhecimento. E você, claramente, não é forte no quesito.

* * *

Depois dessa autêntica lição tipicamente grega sobre a vida segundo medida, Ulisses o fez falar. Queria saber tudo. Onde ficava Heitor, onde guardava as armas, os cavalos, os mantimentos. Se pretendia atacar imediatamente ou voltar a lutar na defensiva, protegendo os muros da cidade, como fizera ao longo de toda a guerra.

Dólon temia por sua sorte. Tremia muito. Gaguejava a cada tentativa de resposta. Por isso, contou tudo que sabia. Sem nada esconder. Sem nada falsear. Onde se encontrava Heitor. O que fazia. O que pretendia.

Descreveu o acampamento. Como estavam dispostos os troianos e seus aliados. Nomeou um a um e indicou onde se encontravam. Quem permanecia em vigília e quem dormia.

E sugeriu que, caso pretendessem algum ataque, que não poupassem os da Trácia. Acabavam de chegar e ainda estavam, digamos, frios no jogo e mais desprotegidos que os outros.

Observou que seu rei combatia com armas de ouro estupendas. E que valeria muito a pena confiscá-las. Que se deslocava num belíssimo cavalo branco, veloz como o vento. Que dispunha de carruagem belíssima, em ouro e prata.

Dólon chegou a propor que fossem verificar a veracidade do que dizia antes de soltá-lo. E imaginava, desse modo, proteger a própria vida. Afinal, havia dito muitas coisas importantes para seus perseguidores.

Ocorre que, se saísse vivo dali, acabaria combatendo pelos troianos, espionando novamente, em condições mais vantajosas do que aquelas em que se encontrava.

Por isso, não convinha aos gregos que sobrevivesse. Afinal, guerra é guerra. Desse modo, Diomedes o degola, de um golpe. Ele, que ainda suplicava, mãos estendidas e corpo prostrado.

Ulisses oferece aquele corpo ainda quente a Atena.

– Este é para ti, deusa predadora.

* * *

Partiram correndo por entre os cadáveres que separavam um acampamento do outro. Ao chegar ao reduto dos trácios, deram-se conta de que Dólon dissera a verdade. Dormiam todos. Em ampla desproteção. Ainda acometidos de cansaço pelo longo deslocamento.

Suas armas se encontravam ao lado. Organizadamente dispostas. À disposição dos invasores. Seus cavalos eram, de fato, magníficos, como dissera Dólon.

Capítulo 34
T. Ramalho e J. A. Penteado

Diomedes se ocuparia dos homens. Ulisses, dos cavalos.

O primeiro, diante de tantos corpos adormecidos, não sabia por onde começar. Com sua lança, foi matando um após outro, aqueles trácios recém-chegados à batalha. Furava-os no peito, na sequência em que iam aparecendo deitados no chão à sua frente.

Em poucos minutos mandou doze daqueles homens para o Hades, com passagem só de ida.

E muito sangue jorrava por todo lado. Sangue que esguichava encontrando o pó da terra batida e sujando de mais escuro ainda o que já não se via bem.

Sangue de combatentes que não chegaram a combater. Saíram lesionados para sempre, antes mesmo de entrar em campo. Cansados da viagem, adormeceram para não mais despertar.

* * *

Ulisses, a cada golpe de Diomedes, escondia o cadáver correspondente.

Supôs, com a astúcia de sempre, que os sublimes cavalos daqueles inimigos não estariam habituados aos corpos de seus donos, inertes, estendidos pelo chão e ensanguentados.

Poderiam, naquele cenário, manifestar estranhamento, ficar nervosos e perder docilidade para serem roubados.

Como podem ver, isso de ter mais zelo com animais não humanos do que com os humanos não é uma particularidade da era dos pets. Em tempos de tanta rudeza e truculência, alguém se preocupava com a *psyché* dos equinos. Para que não se chocassem com cenas impróprias.

Verdade que o escopo último não era propriamente o de proteger os animais. E sim de roubá-los mais facilmente. Ainda assim, o recurso utilizado era repleto de cuidados e surpreendente para o contexto bélico vigente.

De modo que o serviço foi limpo, dentro do que as condições materiais da vida permitiam. Sem mortos à vista.

* * *

Diomedes, depois de uma dúzia de homicídios, finalmente se depara com o famoso rei dos trácios. Adormecido, mas agitado. Chamava-se Reso. O dono do mais belo cavalo de que já se tivera notícia. Bem como das mais belas armas e indumentárias de guerra.

O parceiro de Ulisses o encontrou em pleno pesadelo. Reso falava alto e confuso. Mexia-se brusco. Parecia estar sofrendo. E, desse modo, encontrou a morte ele também. Livrando-se assim das inquietações do sonho, cujo teor ignoramos, abortado e sem registro.

Parou também de falar, o grande monarca trácio, de um repente e de uma vez por todas.

Diomedes queria continuar matando. Estava tudo tão na mão que dava pena não ir adiante. Levaria para si, ao final, como prêmio de espionagem, a belíssima carruagem de Reso.

A tentação era grande. Não se conformava de partir sem fazer uma rapa mais ampla. Mais rentável.

Mas Ulisses estava no comando. E o chamava aflito. Insistia para que escapassem sem tardar. Ao mero sinal do inimigo, poderia ser tarde demais.

Para o grande Thales Ramalho, causídico e fino analista de circunstâncias, que dava o ar da sua graça de segunda a sexta no finado Papai, casa de pasto onde almoçava em companhia do não menor José de Arruda Penteado, homem da Academia e profundo conhecedor da história da educação... Agora vem o final da frase: para o grande Thales Ramalho (repeti porque o sujeito da frase já ia longe), foi nessa debandada de Ulisses e Diomedes que teria surgido o conhecido provérbio popular "quem tudo quer nada tem".

CAPÍTULO 35
MELHOR QUE SER TRISTE

No regresso da expedição, Ulisses e Diomedes encontraram o corpo de Dólon. E o levaram para dentro do acampamento grego. Como se fosse um troféu. Para que todos soubessem que ainda havia esperança. Que aquela expedição havia sido muito vitoriosa. Que não havia por que baixar os braços e se render. Que ainda era possível vencer.

Foram recebidos com festa. Não era para menos. Aquela vitória fora tão retumbante quanto inesperada.

Nestor confessou que receara não voltar a vê-los. Mas que, como tudo tinha acabado bem, dali em diante era hora de revirar o jogo. O verbo revirar aqui se explica porque, nessa guerra da *Ilíada*, a cada canto um dos dois contendores aparece em clara vantagem, sendo substituído, de modo intercalado, pelo adversário no canto seguinte.

Retomando a fala de Nestor. Sim, era hora de abandonar a condição acuada em que se encontravam. De sair para a briga de peito aberto. Porque o inimigo não era assim tão poderoso quanto estavam imaginando.

* * *

A esperança é sentimento cuja causa é sempre imaginada. Coisa da mente que contagia. Imaginação que se converte em potência. Quando compartilhada por muitos, reforça em cada um a pertinência da situação imaginada e desejada. Foi o caso daquele sofrido grupo de combatentes quando do regresso de Ulisses e Diomedes.

Mas nada impede que o afeto de esperança seja sentido por um só. Ao supor, por exemplo, que o amado, ou a amada, um dia o (ou a) amarão também. Ou que, apesar do jogador expulso desde o primeiro tempo e da derrota de momento, haverá vitória no final.

Ainda à guisa de exemplo, imaginar que uma sociedade injusta e distante finalmente se cansará de sê-lo e se dará conta de que só uma educação pública de qualidade poderia virar a página. E, por isso, espera-se, decidirá, por intermédio de governantes, eleitos também com esse compromisso, redefinir políticas públicas nesse sentido.

Bem. Eu sei o que pensaram. Que nos exemplos do romance e do futebol tudo pode acontecer. Que Isis, Bruna ou Marina podem vir a cair de amores pelo envelhecido autor do livro. Uma em um zilhão. Que algum dos XV de Novembro pode derrotar o Manchester City, um pouco mais fácil. Mas que, no exemplo da educação pública de qualidade, eu forcei um pouco a barra. Afinal, imaginação é uma coisa e delírio é outra.

Sim, eu sei. Foi isso mesmo que pensaram.

Que uma sociedade comandada por uma elite conservadora e tacanha, agarrada com unhas e dentes nas migalhas de seus privilégios, e um resto que não consegue ver isso porque luta para sobreviver e pouco mais, nunca, mas nunca mesmo, deliberará por uma educação pública de qualidade.

Calma. Fiz de propósito. Como dizem que a esperança é a última que morre, dá para ousar nos exemplos. Ao menos enquanto isso não acontece de vez.

E depois, sendo coisa só da imaginação, não custa nada subverter o mais óbvio dos previsíveis.

E se pensam que sou um sonhador delirante, talvez não seja o único. Assim assegurou o cantor assassinado.

Esperar por esperar não sai caro. Já fazer do que se espera uma canção pode custar a vida.

Assim os combatentes gregos também foram atravessados pelo afeto da esperança. De que ainda dava para ganhar. De que acabariam por massacrar os inimigos, pondo fim à famigerada guerra.

* * *

Há quem torça o nariz para a esperança. Os estoicos, por exemplo. Espinosa também.

Afinal, concordemos, sem resistir muito, que quem espera não pode ter certeza sobre a ocorrência esperada, a não ser pela fé. De fato, uma guerra, como qualquer jogo, tem desfecho incerto até o seu final, de modo que o que se espera é mesmo ignorado.

Em segundo lugar, quem espera por alguma realidade que, por enquanto, só existe na imaginação, tampouco pode fazê-la advir por sua própria intervenção. Porque, se pudesse fazê-la daí vir, o faria, posto que a deseja. Nem gregos nem troianos podiam, por sua conta, decretar o fim daquela com vitória. Por isso mesmo, restava-lhes esperar.

Finalmente, quem espera não pode contar com a realidade esperada como vivida e gozada. A não ser enquanto vida e gozo meramente imaginados, supostos, almejados, esperados. Enquanto havia guerra, a paz, o retorno, a vida familiar eram uma impossibilidade.

Até aqui, nada a refutar. Até porque esperança que é esperança é assim mesmo. Na ignorância, na impotência e na falta ou na castidade. Como todo bom desejo.

* * *

Ainda assim, voltando à *Ilíada*, para quem estava acuado como estavam os gregos, certos de que a vaca já tinha ido para o brejo, um súbito afeto de esperança, causado pelo sucesso da expedição de Ulisses e Diomedes, era tudo o que tinham aqueles valentes combatentes para aquele dia.

E, que nos perdoem os grandes pensadores, era bem melhor do que nada. Superava, e muito, a tristeza, o desalento e a impotência em que se encontravam até então.

CAPÍTULO 36
SÓ ACABA QUANDO TERMINA

Era chiste dos locutores esportivos de antigamente. Do tempo em que ouvir pelo rádio a transmissão exigia dispor de um aparelho radiofônico específico, desses a pilha que se punha no ouvido para escutar, e que os aficionados levavam ao estádio para poder ouvir o que já estavam a ver.

O jogo só acaba quando termina. A afirmação fazia sentido quando, nos últimos minutos da peleja, nos descontos ou na prorrogação, a equipe que ia sendo derrotada fazia um gol, empatava ou até virava o placar.

Havia nas entrelinhas uma lição de moral, como também se dizia em outros tempos. Uma advertência à soberba, ao excesso de confiança, ao relaxamento prematuro, e um convite ao respeito pelo adversário, independentemente de suas qualificações ou da fragilidade que esteja a demonstrar ao longo do embate.

Isso foi para explicar o título deste capítulo. Espera-se, imagino, de vossa parte, que tenha algo que ver com o que segue. É o que de hábito acontece. Que o título de cada capítulo – bem como da obra – guarde com seu conteúdo algum vínculo de significado. Desde os bancos escolares, as redações tinham que se reportar ao tema proposto e ao seu título.

Não seremos nós a inovar aqui. Afinal, nem tudo que é diferente do que sempre foi só por sê-lo é bom, ou melhor do que antes. A experiência mostra que a probabilidade de uma inovação resultar em perda de valor é significativa.

Adiante, então. Se o jogo só acaba quando termina, é porque quem está na frente pode ir para trás e quem parece estar na iminência da vitória pode acabar derrotado.

* * *

Os gregos tinham cavado um fosso em torno do muro que os protegia. Você se lembra bem disso. O fosso era bastante fundo. Desse modo, para que os troianos pudessem ter acesso ao acampamento grego, tinham que passar pelas aberturas do muro que serviam de entrada e saída. Mas tinham que vencer o fosso que os separava dessas aberturas.

Heitor queria avançar. De qualquer jeito e imediatamente. Vencer o fosso e tomar de assalto o acampamento grego. Os cavalos, instados a descer, resistiam aterrorizados. Redirecionavam seus cascos e relinchavam em desespero.

O conselheiro Polidamante - atenção que esse nome é próprio e não indica advérbio de polido - o convidou com prudência a pensar melhor. Jogar os carros no fosso com os paus de proteção que os gregos haviam fincado ao redor parecia uma loucura. O único jeito seria deixar os carros nas imediações do fosso e atacar a pé. Caso os gregos resolvessem contra-atacar durante a passagem dos carros pelo fosso, estariam pegos em armadilha e seriam massacrados.

Heitor aceitou a ponderação. Desceu de seu carro e determinou que os demais fizessem o mesmo. Dividiu seu contingente em cinco grupos, comandados por ele próprio, Páris, Heleno, Enéas e Sarpedonte. Eram, do ponto de vista político, os líderes esperados para aqueles grupos, embora não fossem necessariamente os mais experientes e combativos.

* * *

Quando, porém, estavam prontos para empreender o ataque, algo parecia detê-los. Como se hesitassem a fazê-lo. Um pressentimento coletivo. Uma intuição compartilhada de que aquela iniciativa poderia malograr, sem que soubessem bem o porquê.

Foi justo nesse momento de titubeio que apareceu voando alto uma enorme águia, carregando pelas garras uma cobra de tamanho tão impressionante quanto. A presa sangrava, mas parecia ainda viva.

Eis que, de inopino, a serpente reúne suas últimas forças, retesa seus músculos, vira-se de um golpe e morde a águia na parte superior do peito, bem próximo do pescoço. Esta, devastada pela dor, solta a serpente, como se quisesse dela se livrar. O réptil caiu a metros de onde os troianos, embasbacados, observavam a cena.

Tão logo a águia se evadiu, em gritos lancinantes de dor, Polidamante dirigiu-se a Heitor. Perguntou-lhe se vira o que acabara de se passar. Fez questão de descrever o que todos puderam acompanhar. A águia que tinha a presa entre as garras não conseguiu levá-la ao seu ninho, ainda que esta última estivesse ferida.

Polidamante, na sequência, perguntou a Heitor se ele conseguia imaginar o que diria um adivinho sobre aquilo que acabara de se passar. Como não obteve resposta alguma, continuou.

Diria que é possível traçar um paralelo entre o desfecho da luta entre a águia e a serpente com a situação de momento daquele combate. E que, portanto, o que acabaram de ver poderia ser um presságio.

Afinal, os troianos também acreditam ter os gregos como presas entre suas garras. Pois, a julgar pelo que viram no céu, essa presa conseguirá escapar. E não sem fazer grande estrago em seu predador.

Heitor não gostou da análise sugerida pelo conselheiro. E, se assim apresentei as coisas, foi por uma pobre nuance de estilo. A rigor, Heitor ficou furioso com o comentário de Polidamante. Seus olhos flamejavam na direção daquele *coach* de assuntos bélicos. Seu ímpeto foi esganá-lo. O que não o fez. Mas, como era previsível em se tratando de Heitor, de uma boa esculhambada o *war advisor* não ia escapar.

– Escuta, companheiro. Você está me tirando ou enlouqueceu mesmo? Eu acredito no que me diz Zeus. Não em voo de pássaros. E a voz de Zeus me prometeu a vitória. Portanto, não me importam três pepinos a interpretação que daria algum adivinho da sua laia a esse episódio da vida animal. O único presságio em que creio é o dever de combater pela pátria. Você diz o que diz porque tem medo. Sempre foi um cagão. Mas não se preocupe. Se morrermos lá embaixo do muro, você estará a salvo. Porque, como todo frouxo e covarde, acabará não se juntando a nós na frente de luta.

Eita. E olha que o tal Polidamante propusera sua análise de modo bem polido. Mas saiu com um quente e dois fervendo do episódio.

Ocasião, portanto, mais que adequada para uma quebra. Deixar os ânimos esfriarem. Esticar as canelas e pôr a água de chá de cidreira para ferver. Porque a continuação merece um novo capítulo. E nós a honraremos como se deve.

Capítulo 37

Eu sei do que ele gosta

Os troianos foram com tudo. Atacaram como se não houvesse amanhã. Após várias tentativas, o muro do acampamento grego foi finalmente devassado.

Heitor foi o autor da façanha. Derrubou o portão, arremessando uma gigantesca pedra que vários homens normais juntos não moveriam do chão. Num único golpe, todos os ferrolhos da resistência inimiga se viram em frangalhos.

Desse modo, seus comandados invadiram de uma vez os redutos gregos, forçando-os a recuar e fugir, escondendo-se por entre seus navios.

* * *

Um parêntese de boca miúda. A essa altura da peleja pode trazer refresco.

A história que estou a lhes contar põe ênfase nas decisões e iniciativas propriamente humanas ao longo da batalha. Em contrapartida, confere importância menor à interferência dos deuses.

Essa nossa escolha, como todas, diga-se, apresenta inconvenientes. Isso porque as divindades citadas por Homero não são meros torcedores de gregos ou de troianos. Elas interferem, facilitam, dificultam, sugerem, motivam, em suma, influem decisivamente no andamento da disputa.

Ainda assim, optamos por deixá-las de escanteio. Ou nas arquibancadas. Essa decisão foi tomada em conjunto com os editores.

Isso porque nossa preocupação maior, além de apresentar os principais e fantásticos episódios da trama, é jogar luz sobre algumas questões filosóficas que lhes são concernentes.

Desse modo, na hora de contar a história, interessou-nos mais o quinhão propriamente humano, ético e moral do que as preferências e estratégias divinas.

Apesar dessa nossa opção de fundo, não custa deixar claro ao leitor que os deuses manifestaram, por razões diversas, ao longo de toda a obra, grande interesse no encaminhamento e no resultado final desse enfrentamento.

* * *

Neste capítulo, para dar um gosto à leitora curiosa e ao leitor inconformado, propomos uma palhinha da intervenção divina na história.

Zeus, patrão maior do Olimpo, como sabemos, a princípio partidário dos troianos, os conduzira até aquele ponto, francamente vantajoso. Sentiu-se, assim, no direito de descansar.

Poseidon, deus dos mares, divindade de primeiro nível, mas um degrau abaixo de Zeus, não se conformava com o encaminhamento daquele embate. Abertamente favorável aos gregos, aproveitou-se do repouso do maior de todos e deu um rolê em meio às suas tropas, encorajando-as a seguir em luta.

E fê-lo, assumindo a aparência de Calcante.

* * *

Você se lembra desse Calcante. Lá no começo da nossa história ele andou dando seus palpites sobre a peste que se abatera sobre o exército grego. Foi graças às suas ponderações, também não lhes foge da memória, que a relação entre Agamêmnon e Aquiles azedara de vez.

De certo modo, toda a trama da *Ilíada* se constrói a partir da decisão de Aquiles de retirar-se da guerra, conduzido pela ira contra Agamêmnon, chefe maior das tropas gregas.

Este último exigiu, e disso se recordam melhor que eu, que Briseide – namorada de Aquiles desde o saque de Tebas – lhe fosse entregue para compensá-lo pela devolução de Criseide ao pai – por quem Agamêmnon se apaixonara.

Poderíamos sugerir que Aquiles, privado de Briseide, vê-se na mesma condição de Menelau, privado de Helena. Assim, o grande herói grego se sente agredido por Agamêmnon, tanto quanto Menelau o fora por Páris.

Esse paralelo tornava a sua participação na guerra contra os troianos sem sentido. Estava ali a combater um falso inimigo.

Mesmo a promessa que Agamêmnon lhe fizera, anunciada por Ulisses, de devolver Briseide sem tê-la tocado, bem como de tantas outras oferendas, não arrefeceu a ira de Aquiles. Este considerava-se humilhado pela desautorização pública que sofrera.

Fica claro que a questão patrimonial valia muito menos do que sua reputação, notoriedade e prestígio.

* * *

Voltando ao Olimpo.

Hera, mulher de Zeus e sócia torcedora do esquadrão grego, observa a manobra de Poseidon para ajudar o seu time. Resolve, então, dar uma mãozinha ao deus dos mares, concedendo-lhe mais tempo para interceder junto aos combatentes.

Para isso, dirige-se a Zeus, seu marido, e lhe propõe intimidades.

Hera conhecia bem o seu gado. Sabia de cor e salteado o ponto fraco do todo-poderoso esposo. E tinha recursos para entretê-lo por um bom tempo, enquanto

Poseidon, na pele de Calcante, inflamava os gregos contra seus inimigos.

– Vai lá dar uma força para os meninos que Zeus ficará fora de combate por um bom tempo. Posso entretê-lo pelo tempo que você precisar. Sei do que ele gosta.

Hera voa para o monte Ida, onde Zeus repousava recostado num tronco de árvore, dessas típicas de serra. Fosse por aqui, arriscaríamos um pinheiro ou uma araucária. Mas, sendo no mundo da imaginação, a botânica abre seu escaparate para sua escolha mais charmosa.

Não bastasse a eficiência de Hera, o deus do sono, terceira divindade envolvida na operação, fê-lo adormecer após o exaurimento das carícias.

CAPÍTULO 38

APOLO PELAS COSTAS

Enquanto o pau comia solto, na invasão troiana e na resistência grega, Pátroclo pediu a Aquiles que lhe permitisse o uso da sua armadura. Bem como da entrada em batalha dos mirmidões, tropa de elite do esquadrão aquilino.

Aquiles tinha diante dos olhos uma autêntica devastação imposta aos seus pelos troianos. Ainda assim, o maior herói grego tergiversou, e muito, sobre aquele pedido de seu melhor amigo. Mas acabou autorizando-o tanto a dispor de sua famosa armadura como a deixar-se acompanhar pelos amigos mirmidões no seu intento.

Pátroclo e os mirmidões se prepararam em euforia. Outros, vendo a cena, se deixaram contagiar. Alguns entoaram a grande cantiga dessa fase final da guerra.

Os mirmidões vêm aí e o bicho vai pegar. Tá dominado, tá tudo dominado!

Quando os troianos viram os mirmidões entrando em campo, belamente paramentados e comandados pelo pulso firme de Pátroclo, instalou-se o pânico. Acreditaram que o próprio Aquiles resolvera interromper suas férias na Ásia Menor e decidira assumir as rédeas do combate.

Esse momento de desarvorada troiana e o frescor da nova tropa foram suficientes para reequilibrar a peleja.

Aquela vantagem dos comandados de Heitor – quando da derrubada dos portões –, que, a seu tempo, nos pareceu imensa e definitiva, fora reduzida a nada com a entrada em cena dessa nova ala de guerreiros, descansada e motivada para o confronto.

Foi o bastante para que Heitor e seus comandados reassumissem uma postura defensiva. Retornaram a Troia e retomaram sua velha estratégia de proteção dos próprios muros.

Pátroclo, fortalecido pelo recuo inimigo, persegue os troianos até os portões da cidade. Ao longo desse percurso, o amigo de infância de Aquiles protagonizou vários momentos de heroísmo.

Já nas imediações dos muros de Troia, foi visto dando conta, sozinho, de nove combatentes locais.

* * *

Foi bem aí que a geringonça emperrou. E alguém também teria visto uma porca torcendo o rabo.

Apolo, o deus Apolo, outro do primeiríssimo escalão do Olimpo, partidário declarado dos troianos, vendo que Pátroclo estava a desequilibrar a disputa para os gregos, decidiu intervir.

Aplicou-lhe um cascudo nas costas, na altura da omoplata, fazendo-o fremir de dor. Sua viseira caiu, sua armadura se partiu, sua lança também, e ele tombou, ignorando a natureza do golpe que o atingira.

Peço à leitora e ao leitor que aquietem a leitura por um minutinho. Não sei se deram a esse evento a devida importância. Mas eu os convido a revisitar a cena. Vale a pena destacar o insólito da situação.

Retomando, então.

O deus Apolo, cuja imagem entra para a cultura da humanidade como impoluto, altivo, digno, fidalgo, elegante e outros atributos do gênero, resolve intervir numa briga de um contra nove, atacando o combatente solitário, alvejando-o pelas costas e colocando-o à mercê de seus adversários.

Não lhes parece impressionante como, num universo tão cheio de histórias com honras e heroísmos, um deus desse quilate proceda dessa forma tão vil?

De volta ao campo de batalha.

Um soldado troiano aproveita-se do momento da fragilidade de Pátroclo e o fere com a lança entre os ombros. O grego tenta buscar proteção entre os seus, mas Heitor se antecipa e o golpeia com a lança no baixo ventre. Pátroclo tomba. Para estupefação de seus homens.

Antes de morrer, esse grande homem grego encontra forças para jogar na cara de Heitor que não fora ele a dominá-lo. Mas que tombara por vontade dos deuses. Tão somente pela vontade dos deuses.

E o que dizia era verdade cristalina.

Seu corpo foi disputado por partidários e inimigos. Ambos pretendiam fazer dele um uso simbólico de motivação das tropas. Os primeiros, clamando pela vingança daquela morte cruel. Os segundos, que pretendiam mutilá-lo, celebrando aquele cadáver inimigo, tão caro ao herói Aquiles.

Menelau tenta proteger o corpo de seu companheiro. Mas é posto em fuga por Heitor. Este despe o cadáver de sua bela armadura e a veste, substituindo, assim, a sua.

O corpo nu de Pátroclo tornou-se objeto de disputa feroz. Os deuses entraram na briga sem maiores pudores. Com destaque para Atena e Apolo. O que estes pretendiam fazer com aquele corpo inerte não sabemos informar. Mas o interesse parecia grande.

No final, o pobre Pátroclo é reconduzido, já marmóreo, para o acampamento grego; bem como os cavalos de Aquiles, também muito cobiçados pelos inimigos troianos.

* * *

Até esse momento da trama, Aquiles se vê dilacerado por um dilema.

De um lado, o senso de solidariedade, de companheirismo e de patriotismo que o leva a combater ao lado de seus companheiros gregos. E, de outro, um sentimento de honra aviltada que o levou, até então, a retirar-se.

A solução outrora sugerida por Pátroclo – intervir na luta disfarçado – parecia-lhe, naquele momento, a única capaz de atender aos dois lados de suas dificuldades morais e afetivas. De um lado, estaria ajudando os seus e, de outro, não o estaria fazendo em seu próprio nome, o que desconfiguraria um eventual perdão a Agamêmnon.

Capítulo 39
De roupinha nova

Quando Aquiles tomou conhecimento do que acontecera com Pátroclo, irrompeu em um choro de morte. Atirou-se ao chão, mãos à cabeça, arrancando os próprios cabelos. Ninguém poderia superá-lo, naquele instante, em dor e devastação.

As cordas mais nobres de sua harpa emocional, responsáveis pelas notas mais sublimes, ficariam inertes para sempre. Eram todas reservadas aos ouvidos de Pátroclo. Só ele sabia de sua existência. Só ele as fazia vibrar. Só ele as dedilhava com a ternura de quem não tem medo de amar. Só ele chegara tão fundo na alma de Aquiles.

Pátroclo fora, desde quase sempre, o centro de gravidade da vida afetiva de Aquiles. Restou-lhe agora muito pouco. Quase nada. Aquela guerra lhe roubara o mais precioso.

* * *

O choro do grande herói resvalava em timbres de tamanho sofrimento que foram ouvidos por Tétis, sua mãe. Esta – deusa que é – deu logo o ar da sua graça. Surgiu num piscar de olhos.

Deuses deslocam-se em grande velocidade e parecem ter privilégios em situações de engarrafamento.

Tétis foi logo pedindo ao filho que se acautelasse. Informou-o de que, se porventura viesse a vingar a morte de seu amigo, ele próprio também morreria.

Esse cenário trágico – com soluções existenciais excludentes e de valor negativo equivalente – atravessa toda a obra de Homero e encontra, na desgraça de Aquiles, um instante maiúsculo.

Afinal, por um lado, como não vingar aquele tão amado amigo? Como não ir tirar satisfações, até as últimas consequências, com quem dera causa de semelhante privação?

Por outro lado, como agir desse modo, no caso vingando o amigo, sabendo de antemão que o resultado último dessa ação será a própria morte?

Por que ter que escolher entre a pura e insustentável resignação e a própria vida? Que deus poderia lhe querer tão mal a ponto de lhe colocar numa sinuca tão trágica e cruel?

* * *

Quando Tétis se deu conta de que Aquiles iria ao encalço daquele que lhe tirara o amor de sua vida, fossem quais fossem os riscos, prometeu-lhe uma armadura nova, para substituir a antiga, que fora tomada de Pátroclo por Heitor.

A mãe zelosa e sofrente, vendo a tristeza do filho, não quis deixar por menos e a encomendou junto ao deus Hefesto, alfaiate maior do Olimpo. Equivalia, para os soldados gregos, a dispor uma socialite de um vestido exclusivo de Paco Rabanne ou Pierre Cardin.

Merece registro. Não sei se concordarão com o meu estranhamento. Uma mãe informa ao filho que se ele tomar uma certa decisão, ele morrerá. O filho toma justo essa decisão. E a mãe, certa então de que o filho terminará morto, preocupa-se com a armadura nova.

Pergunto: essa preocupação resultava de uma esperança de que a indumentária fabricada por um deus no Olimpo poderia salvar o filho da morte? Como se o destino, arrependido ante a beleza ou a eficiência daquela indumentária de guerra, revisasse suas sinas.

Não creio que fosse isso. E daí vem meu estranhamento. Se eu me dou conta de que a morte de um filho é inexorável, teria eu fleugma e sobriedade para me preocupar com a sua armadura?

Não tentaria, por todos os meios possíveis, demovê-lo dessa decisão? Argumentando primeiro, talvez. Mas clamando na sequência, atirando-me ao chão, eu também?

Bem, fica o registro. Que a leitora carinhosa e o leitor louco para chegar ao fim da leitura tirem suas conclusões.

* * *

O corpo de Pátroclo, trazido pelos gregos para o acampamento, fora seguido de perto pelos soldados troianos. Mas Aquiles, atravessado pela dor que a visão do cadáver do amigo lhe infligia, prostrou-se na entrada do acampamento e gritou de dor e inconformidade.

Foi suficiente para semear o pânico entre os inimigos. Seguros de que um enfrentamento com Aquiles, naquelas circunstâncias, mesmo para um grupo considerável de combatentes, era um episódio a evitar, desnecessário e temerário. Estavam convencidos de que Aquiles, por conta da morte de Pátroclo, decidira voltar aos campos de batalha. E essa notícia já era, por si só, perturbadora.

* * *

O entendimento de Polidamante – você há de se lembrar desse *coach* troiano para questões bélicas – era de que deveriam permanecer por perto de Troia, apenas defendendo os muros da cidade.

Mas Heitor, comandante supremo das forças troianas, não estava de acordo. E sua vontade prevaleceu, como aliás costuma acontecer com a vontade de comandantes supremos.

* * *

Do lado grego, Aquiles, mesmo advertido sobre sua morte, decide vingar Pátroclo. Com a certeza de que permanecer vivo sem o amigo e sem a vingança lhe seria insuportável.

A morte de Pátroclo é um duro golpe contra ele próprio. Sente-se responsável por aquele desfecho. E cheio de ódio contra si. Entende que, se impuser a Heitor um fim análogo, poderá expiar, ao menos em parte, o desgosto profundo a que ele próprio teria dado causa.

Doravante, todos os feitos de Aquiles assumem uma dimensão quase divina. A armadura, fabricada pelo deus Hefesto, confere a seus gestos uma dimensão sagrada, completamente externa ao mundo dos simples humanos.

* * *

Seu primeiro passo foi convocar uma assembleia dos combatentes do exército grego. Para comunicar-lhes que a desavença com Agamêmnon fora vencida, era coisa do passado e que ele estava de volta ao combate.

A notícia, embora esperada, trouxe grande alento e foi vivamente comemorada por todos.

Agamêmnon levantou-se para receber Aquiles. Informou que, quando da cizânia entre ambos, encontrava-se cego por obra de Zeus; e que fazia questão, naquele momento solene, de lhe devolver Briseide, bem como de lhe entregar uma série de oferendas já prometidas por Ulisses.

Aquiles aceita as ofertas de Agamêmnon. Mas fica claro que sua preocupação maior não é essa. Aceitou para que não pairassem dúvidas aos olhos de todos de que as coisas tinham mudado e de que seu estado de espírito em face do chefe das tropas era outro. Mas importavam-lhe muito pouco as prendas de Agamêmnon. Estava ali por outro motivo. E só esse, como costuma ser tudo que é único. Atacar os troianos. E vingar a morte de Pátroclo.

* * *

Ei-los todos novamente juntos, preparados para a batalha. Aquiles veste a sua magnífica armadura nova. Entra em sua carruagem e repreende os cavalos por terem permitido a morte de Pátroclo.

Os cavalos respondem que o ocorrido não fora por culpa deles. Mas que resultara da interferência direta dos deuses na batalha.

Quem matou Pátroclo foi Apolo. E o Destino.

Os cavalos parecem avisar a respeito do que se passará com Aquiles. E este se antecipa, afirmando estar ciente de tudo. Mas que, ainda assim, vingará o amigo, custe o que custar. Ninguém poderá impedi-lo.

Nada tenho a dizer sobre a conversa de Aquiles com seus cavalos. Afinal, se escrevi um livro dialogando com o gato Epaminondas, por que ele, que é herói e não um pé de chinelo como eu, não poderia fazer o mesmo?

Aquiles, herói de decisões fortes e definitivas, passou boa parte da narrativa de birra, buscando a reparação da honra ultrajada por Agamêmnon. Agora, parece tomado pela urgência de vingança iminente.

Todas as necessidades propriamente humanas perderam completamente a importância. Aquiles é só uma decisão, uma missão, um destino. Um herói em estado puro. A sua verdadeira essência.

* * *

Os exércitos encontraram-se novamente. Frente a frente.

Zeus, mesmo torcedor declarado dos troianos, convoca uma assembleia de deuses no Olimpo, liberando cada divindade a apoiar quem bem entendesse. Um pouco como acontece quando um candidato é derrotado ainda no primeiro turno e não determina apoio de seus correligionários a nenhum dos postulantes em segundo turno.

Assim, Hera, Atena, Poseidon e Hermes juntam-se aos gregos. Ares, Apolo, Ártemis e Afrodite, aos troianos.

Há outros, mas não sei onde se meteram. Acho que assumiram uma certa neutralidade. Eram deuses suíços. Ou suecos. Equilibristas de muro. E assim ficariam. Ao menos enquanto os primeiros resultados de boca de urna não fossem publicados. E as tendências da derradeira batalha não fossem anunciadas pelos arautos de lado a lado.

CAPÍTULO 40
CHAPÉUS, COBRAS E ELEFANTES

Aquiles tomou conhecimento da morte de Pátroclo pelo relato dos combatentes gregos. Mas a certeza cabal da perda só ganhou raízes no espírito do herói com a chegada do corpo inerte de seu amado amigo.

Poucas ocorrências na mitologia indicam com tanta clareza a devastação da alma de um homem. O seu apequenamento maior. A tristeza que ocupa todos os espaços. A certeza de que sem aquele amigo que se foi a vida não tem mais por que ser vivida.

* * *

Tristeza é um afeto, entre muitos possíveis. Extremamente recorrente, como sabemos todos. Por isso mesmo muito importante para quem se interessa em entender o que acontece de fato com o vivente humano ao longo de seus encontros com o mundo. Ao lado do seu oposto, a alegria, constitui o mais básico da nossa vida emocional.

Trata-se, como todo afeto, de uma transformação do afetado. Uma mudança. O ponto essencial dessa mudança é a oscilação da potência. Da energia vital. Da libido. Do tesão de viver. Uma oscilação para menos. Ou para baixo, se estiverem a imaginar em gráfico.

Desse modo, havendo tristeza, a potência de existir do entristecido diminui. O que compreende um apequenamento da potência de agir do corpo e de pensar da alma.

E quando a tristeza é muito grande, como no caso de Aquiles, a tal potência de existir despenca.

A partir dessa queda de potência, outras transformações acontecem. Muitas até. Em todos os lugares do corpo e da alma, dado que estão sempre esses dois de mãos dadas.

Por isso, sendo a tristeza tão presente, toda conjectura a respeito de uma vida boa vai depender do modo como lidamos com aquela. Além do êxito no esforço diário de reduzi-la.

Claro que em muitas situações, como a morte do amado, ela se impõe, sem que nada possa ser feito. Nesses casos, algumas estratégias da alma são conhecidas. Como a negação do ocorrido. A sua posterior aceitação de revolta, de inconformidade. O progressivo apaziguamento da alma. A gratidão pelo passado compartilhado.

* * *

Como já mencionamos, Aquiles foi afetado de tristeza pela morte de seu amigo Pátroclo. Um afeto devastador. Que tomou conta de todo o seu ser. Uma dor incomparável de corpo e alma.

As palavras ditas informando a morte, a visão do cadáver, as conjecturas sobre as circunstâncias da morte, sobre como seria a vida dali em diante, sem a presença constante do amigo, tudo junto e misturado, determinando uma espiral de amplo esmagamento da energia vital.

E aqui lembramos, repetindo para deixar mesmo bem claro, as manifestações dessa tristeza foram compatíveis com a intensidade do afeto. Aquiles chorava, gritava, se atirava no chão, arrancava os próprios cabelos e repetia os gestos, inconsolável.

* * *

Com o passar do tempo, a tristeza destrutiva em Aquiles foi dando lugar ao ódio. A distância entre ambos os afetos não é grande. O ódio nada mais é do que um tipo particular de tristeza, quando acompanhada da ideia da sua causa.

Isto é, Aquiles foi pouco a pouco concebendo em sua imaginação por quem e como Pátroclo fora alvejado. Identificava, desse modo, a partir dos relatos de seus correligionários, as nuances do acontecimento nefasto.

Do ódio, Aquiles foi tomado pela ira. Trata-se da disposição afetiva de investir contra quem se odeia. De reagir à agressão sofrida. A tristeza, o ódio e a ira sentidos por Aquiles são facetas de um mesmo abismo.

O herói comunica à deusa mãe que se vingará.

Ante o corpo do amigo, Aquiles enunciou, ao pé da pira funerária de Pátroclo, a jura de matar Heitor e de sacrificar doze guerreiros troianos. O velório aconteceria na própria tenda de Aquiles.

Tétis sabia das coisas. Podia antecipar o que aconteceria. Sabia que o filho não ia deixar barato. Que ia se vingar dos assassinos de seu grande amigo. E que, se o fizesse, pagaria com a própria vida. E foi essa a advertência que lhe fez. Antecipou a sua morte. Sabia que a vida do filho seria breve. E que aquele era o começo do seu fim.

E esta, embora devastada pela decisão do filho, sabia que toda tentativa de demovê-lo seria inútil.

Como já sabemos, Heitor tomara de Pátroclo a armadura que Aquiles lhe houvera ofertado. Era urgente dispor de outras, novinhas em folha, e produzidas por quem sabe fazer. Tétis então encomenda ao deus Hefesto uma nova armadura para o filho. Percebam, nobre leitora e querido leitor, que Aquiles combateria com armas fabricadas pelos deuses. Em pleno Olimpo. E isso faria toda a diferença em suas investidas vindouras.

* * *

No campo troiano, Polidamante, o famoso *coach* para questões bélicas, sugere que, ante o retorno de Aquiles aos combates, seria prudente jogar na retranca e defender os muros da cidade.

Desse modo, deveria ser evitado todo combate em campo aberto. Heitor discorda daquela proposta e defende a solução contrária. Como costuma acontecer, prevaleceu a proposta deste último, o chefe maior.

Nesse meio-tempo, em pleno monte Olimpo, Hefesto trabalha dia e noite nas armas de Aquiles. Salta aos olhos a maravilha do escudo em cinco camadas, uma delas de ouro, e a representação dos símbolos do zodíaco, bem como de duas cidades empenhadas em todas as atividades pacíficas e guerreiras de toda a humanidade. Uma verdadeira obra de arte.

Quando a armadura finalmente ficou pronta, Tétis foi encontrar o filho. Conservava a esperança de que Aquiles desistisse da vingança. Repetiu-lhe que, se vingasse Pátroclo, ele próprio morreria. E o herói, ciente disso, novamente confirmou sua decisão. Não sossegaria enquanto não trouxesse desgraça e devastação a todos que tinham tirado a vida de seu amigo.

Percebam, queridos leitores e leitoras, quanto o sentimento trágico da vida, tão familiar ao mundo grego, está presente ao longo de toda a obra de Homero.

A trama coloca Aquiles, como em toda tragédia, numa autêntica sinuca. Obrigando-o a uma escolha dilacerante. Afinal, se por um lado ele não poderia deixar a morte do amigo por isso mesmo, por outro, se o fizesse, pagaria com a própria vida e estava ciente disso.

Se renunciar à vingança era impensável para um herói como Aquiles, saber que essa iniciativa decretaria sua própria morte conferia à trama toda a sua dimensão trágica.

* * *

Enquanto os exércitos se perfilavam para o que se imaginava tratar-se da derradeira batalha, entendia o chefe maior do Olimpo, Zeus, que Aquiles tinha de ser impedido de ultrapassar as fronteiras do previsto para o seu destino. Outro modo de dizer que o herói não podia agir em *hybris*, e pretender mais do que lhe é devido no cosmos.

E, assim, os deuses que tomaram partido também partem para a briga. Hera, Atena, Hermes, Poseidon e Hefesto junto aos gregos. Ares, Apolo, Afrodite e Artêmis com os troianos. Mesmo não sendo íntimo dos deuses gregos, como é o nosso caso, fica a impressão de que o primeiro time é muito mais contundente do que o segundo.

* * *

Aquiles saiu para a briga com tudo. Sua fúria era incontida. Estava a ponto de matar Eneas, filho de Príamo e irmão de Heitor, mas foi impedido por Poseidon.

O herói não se intimidou com a intervenção divina e seguiu tocando o terror junto às forças troianas, matando com enorme rapidez e eficiência todos que ousavam cruzar seu caminho.

O terror toma conta dos troianos. Suas tropas se dividem em dois grupos. O primeiro volta para tomar conta da cidade. O segundo combate às margens do rio. O massacre continua e o rio se vê cheio de corpos. A desmesura era evidente.

O deus rio é desagradado. E ameaça Aquiles com imensas ondas. Quando este estava para sucumbir, Hera e Atena atacam o rio com fogo, fazendo-o recuar.

Aquiles segue com sua sede de vingança. A violência é extrema. A leitora interessada e o leitor curioso poderão, se tiverem interesse nos detalhes, lançar mão do texto original.

Por nossa conta, toda essa violência repetida interessa menos. Afinal, estamos sempre à cata de lições filosóficas de vida que a mitologia nos traz. A violência pura e simples nos ensina pouco.

* * *

Nesse sentido, chegamos ao duelo entre Aquiles e Heitor. Costuma ser interpretado como sendo o embate entre duas concepções opostas do universo, do ser e das relações humanas.

O líder troiano representa o lar, a família, a pólis, o autocontrole e a moderação. Em contrapartida, Aquiles representa a brutalidade crua, a força bruta, a primitividade incivilizada e o instinto desmesurado. Trata-se de um duelo em que a própria humanidade está em causa.

E, a despeito do triunfo do segundo, o último canto faz o herói grego como que incorporar algo do que representava o seu oponente. Ao entregar o corpo de Heitor ao pai, Aquiles faz a vontade dos deuses e, ao mesmo tempo, alcança alguma reabilitação moral diante dos seus exageros desmedidos.

A *Ilíada* termina sem abordar dois dos seus mais notórios episódios. A morte de Aquiles e a derrota de Troia pela astúcia do cavalo engendrada por Ulisses. Nem uma nem outra são mencionadas pelo poeta.

* * *

Deixamos, assim, a leitora e o leitor livres para seguir imaginando. E que consigam se manter em devaneio. Que a mitologia lhes estimule a criação.

Que consigam ver para além do óbvio. Que não se contentem com as representações consolidadas. Que consigam continuar oferecendo ao próprio espírito matéria-prima que transcenda o protocolo utilitário que só outorga valor ao que tem serventia.

Que logrem ver, para além do chapéu que todos veem, uma cobra com um elefante dentro.

Que se sintam doravante responsáveis por contar para os mais jovens as grandes histórias da humanidade, como essa que acabamos de compartilhar.

Afinal, em mitologia somos todos coautores. E Homero somos todos. Todos que um dia se dispuseram a fazer o que ora chega ao fim.

* * *

Caminhamos, vocês, leitores, e eu, de mãos dadas, capítulo a capítulo, canto a canto, por toda a trama desse poema homérico. Eu não poderia passar a régua e ir embora sem um "até breve" sequer. Por isso, antes de me despedir, deixo em primeira mão algumas "cenas do próximo capítulo".

Sem Heitor, a queda de Troia foi questão de tempo. E o modo como tudo terminou não foi nada heroico. Em combate franco, com superioridade de corpo e alma e morte digna. Pelo contrário. A vitória dos gregos resultou de uma artimanha de sarjeta rebaixada, como dizia o professor Teófilo.

Você certamente conhece a expressão "presente de grego". Ela sugere uma contradição. Se um presente quase sempre é causa de alegria para quem o recebe, quando é de grego a coisa muda de figura. Ante a aparência de um bem prazeroso ou útil ao seu futuro proprietário, o que há, de verdade, é um veneno, um vetor de tristeza, devastação e morte.

Foi exatamente esse o presente engenhado por Ulisses, origem mitológica da expressão. O famoso cavalo de Troia. Presente dos gregos para os troianos, que pôs fim à longa guerra entre eles. O que se via era um gigantesco e lindo cavalo de madeira. A surpresa vinha depois de levar para casa. O animal escondia no seu interior combatentes dispostos ao massacre de oponentes em festa, desarmados e relaxados.

Mas essa é mesmo outra história. Na *Ilíada* não consta nem uma palavra sobre presentes de gregos. Para que saibam, leitora e leitor, que os interessados procurem na internet, sem custo, o desfecho do regalo equino foi contado por Virgílio na sua não menos famosa *Eneida*.

* * *

Mas e Menelau? E o casal vinte Páris & Helena? Teve final feliz? Afinal, foram eles três que deram início a todo esse enrosco.

E o herói Aquiles? Que fim levou?

Bem. Para você não ficar com a sensação de uma história cujos principais personagens permaneceram num limbo, de destino incerto e não sabido, eis algumas informações que colhemos ao pé do ouvido de gente bem informada.

Páris acertou uma flechada no calcanhar de Aquiles. E, como a mãe do herói o mergulhara em líquido protetor, segurando-o pelo calcanhar, esse último não foi imerso e permaneceu vulnerável. Pois não é que Páris o acertou bem aí? Olha que o calcanhar não é, nem de longe, o lugar mais óbvio para levar uma flechada, não acham? Tem gente que diz que tem coisas que só acontecem com o Botafogo. Pois bem. Aquiles foi alvejado no único lugar que não poderia ser. Como diria a dona Adelaide, vá ser azarado assim lá em Tebas.

Páris também morre. Em outro embate, claro.

Helena se casa com Deifobos, que era seu cunhado, irmão de Páris e de Heitor. Isso é que é querer entrar para a família de qualquer jeito.

Mas isso de se dar bem e desfrutar da mulher mais linda do mundo parece não ter valido tanto a pena para o seleto grupo de afortunados, a essa altura já não tão seleto assim. Isso porque, depois de Menelau, traído, e Páris, morto, Deifobos também morre. E a bela musa não tem alternativa senão voltar para os braços do superadornado Menelau.

Mas como dizia, com a graça de sempre, Da. Maria Quitéria, esposa do digníssimo comendador Ludovico Lustosa, também conhecido como comendador Lulu, mais vale um Menelau na mão do que dois troianos voando pelo Hades.

Ulisses quer voltar para o seio de sua amada. Não sei bem se ele imaginava que a sugestão dada ao pai de Helena nos tempos de cortejos foi uma boa ideia.

No entanto, como diria o capitão Nascimento, "missão dada é missão cumprida".

E o rei de Ítaca poderá, enfim, retornar para casa. Verdade que não será assim tão fácil. Nem tão rápido.

Dizem que esse retorno foi mesmo uma Odisseia. Literalmente. Tão duradoura quanto a própria guerra.

Mas nada a temer. Afinal estaremos juntos. Questão de seguir em frente. Página a página.

Carinhos imensos a todos que resistiram. Alvíssaras aos que continuarem firme.

CLÓVIS CONTA
A HISTÓRIA DE

ODISSEIA

Capítulo 1
Vento na cara

– Nossa viagem foi uma verdadeira odisseia!

Foi assim que meu pai definiu o retorno daquele fim de semana em Vargem Grande.

Eu não tinha mais do que 8 anos nos tempos em que íamos para lá com frequência. E a palavra odisseia me pareceu engraçada. Soou como diarreia, que me era bem mais familiar.

Perguntei do que se tratava. E meu pai respondeu:

– A gente chama de odisseia um passeio ou uma viagem em que acontecem muitas coisas inesperadas. Tudo muito diferente do que tínhamos imaginado.

Fiquei curioso e quis saber mais:

– Mas isso é bom ou é ruim? Por acaso falamos em odisseia quando tudo dá errado?

Ele sorriu e disse:

– Isso de dar certo ou errado, depende para quem.

– Não entendi. Como assim?

– Tem gente que adora o inesperado. Mesmo que haja desconforto. Fica fascinado em viver o que não estava planejado. Ama ser surpreendido. Já outros não suportam que os acontecimentos da vida sejam diferentes do que tinham imaginado. Entram logo em pânico.

– E nós, somos gente de que tipo?

– Não sei. Você, o que acha? Gostou desse nosso passeio?

– Adorei. Sobretudo depois que aquela pedra estilhaçou o vidro do carro. Você retirou os cacos e viemos tomando vento na cara. Foi muito legal. A ideia da mamãe de tirar todas as roupas das malas para nos proteger foi divertida. Vocês na frente, acho que sofreram mais. Sobretudo você, que não podia tampar o rosto porque tinha que dirigir. A vovó e eu nos escondemos abraçados atrás dos assentos. Acho que nunca mais vou esquecer dessa odisseia.

– Então você é do tipo que se alegra com o inesperado. Mesmo que seja desagradável.

– E você, pai?

– Eu não. (Risos) Teria preferido que nada disso tivesse acontecido. Que o vidro estivesse no lugar, e as roupas, arrumadas nas malas. E que não tivesse dirigido quase 200 km com esse vento que seca os olhos. Acho que sua mãe gostou menos ainda. Ela e eu somos do tipo que dispensa surpresas. Mas, se você diz que se divertiu, ficamos felizes.

– Por que aventuras inesperadas são chamadas de odisseia?

– Porque, muito antigamente, um homem grego chamado Odisseu fez um longo passeio, cheio de acontecimentos desse tipo. Odisseia é uma palavra derivada de Odisseu. Como se nós, que nos chamamos Clóvis, tivéssemos vivido uma cloviseia.

– Adorei. E como você sabe de tudo isso?

– Um poeta chamado Homero escreveu as aventuras de Odisseu. Foi ele quem deu o nome de *Odisseia*. É o título da sua obra.

– Nossa. E tem para ler?

– Claro. Em bom português.

– Vendem na livraria?

– Vendem, sim. Mas não precisamos comprar porque já temos em casa.

– Não brinca!

– Verdade.

– Podemos ler juntos a *Odisseia*?

– Acho uma excelente ideia. Sua mãe vai adorar. Ela é louca pela mitologia grega. Aviso que vai demorar. É um livro bem longo, com muitos episódios realmente fantásticos.

– Lemos um pouquinho por dia.

– Ótimo. Para aproveitar esse entusiasmo, que tal se começarmos agora mesmo?

– Oba! Adorei. Leremos a odisseia de Odisseu depois de termos vivido a nossa.

CAPÍTULO 2
MOCHILEIRO

– Você pode fazer um resumo da história antes de começarmos a ler? Estou ansioso para saber o que de tão fascinante aconteceu com esse tal de Odisseu.

– Posso, sim. Talvez facilite a nossa leitura depois. Só que, a partir de agora, vamos chamar o Odisseu pelo seu nome em português: Ulisses.

– Maravilha. Quer dizer que Ulisses é Odisseu! Tenho um colega de classe com esse nome. Então nós vamos conhecer as aventuras de Ulisses. Deveríamos chamá-las de Ulisseia. Eu estou pronto. Por mim, podemos começar!

– A *Odisseia* nos conta a história da volta de Ulisses para casa. Assim como a nossa cloviseia, que foi o retorno de Vargem Grande para São Paulo.

– Volta de onde? Era também um fim de semana como o nosso? Ou férias?

– Nem um, nem outro. Ulisses tinha ido para uma guerra. Uma guerra entre os gregos e os troianos. As batalhas aconteceram nas imediações da cidade de Troia. Essa guerra durou dez anos. Só então ele foi autorizado a voltar para casa.

– Ulisses morava onde?

– Em Ítaca. Aliás, ele não só morava lá, mas era rei. Um reino que ficava numa pequena ilha grega. Ele adorava a sua terra e não via a hora de voltar.

– Também, pudera. Dez anos longe de casa. Ele era casado? Tinha família?

– Sim. Ulisses era casado com Penélope. E tinha um filho, chamado Telêmaco. Quando ele foi convocado para a guerra, Telêmaco tinha acabado de nascer.

– Coitado do Telêmaco. Fico imaginando se você tivesse ido embora quando eu nasci e não tivesse voltado ainda, seria muito triste.

– Triste para Ulisses também. Que adorava a esposa e queria aproveitar a convivência com o filho desde bebê.

– Bem. Mas agora Ulisses vai voltar para casa e a família estará reunida novamente.

– Isso é o que todos esperavam que acontecesse. Mas não foi bem assim que as coisas se passaram.

– Como não? A guerra contra os troianos não tinha acabado?

– Sim, tinha acabado. Mas você se esqueceu? Tem a odisseia. Após dez anos da guerra, Ulisses demorou mais um tempão para conseguir voltar. Seu regresso foi cheio de obstáculos inesperados.

– Um tempão quanto?

– Ele levou mais dez anos para chegar em casa.

– Nossa. Então, quando ele voltou, Telêmaco já tinha 20 anos!!! É isso mesmo?

– Em torno disso.

– Sacanagem. Dez anos de uma viagem maluca depois de dez anos de guerra ninguém merece.

– Pois é. Esse é o ponto da odisseia. Ulisses queria muito voltar. Em seu retorno, ele não estava se divertindo com uma mochila nas costas. Contava os dias e as horas de vontade de reencontrar sua família, sua casa, seus súditos.

– Ah, vai! Essa história está mal contada, como você costuma insinuar. Não parece verdadeira. Uma pessoa querendo muito chegar em casa demorar dez anos. Quando você atrasa meia hora, a mamãe já fica ligando! Será que o nosso herói não aproveitou a ocasião para sassaricar por aí, como ela mesma diz?

– De jeito nenhum. Tudo o que Ulisses queria era mesmo voltar para Ítaca e reencontrar Penélope e Telêmaco.

– Mas, então, o que aconteceu? Ele errou o caminho? Já sei! Chegou tarde e perdeu a última barca para Ítaca, que só passava de dez em dez anos? Ou será que os marujos gregos entraram em greve?

– Tem um pouco de tudo isso. O que aconteceu é a própria odisseia. Foram muitas as peripécias. Eu vou te apresentar as que eu acho mais fantásticas.

– Não vejo a hora. Estou supercurioso.

Capítulo 3
Aqui tem coragem

– Ulisses era considerado um herói.

– O que era preciso para ser um herói?

– Antes de tudo, agir diferente de um humano comum. A principal característica de um herói era a coragem. E quando falamos em coragem, pensamos em situações perigosas. Ninguém pode agir corajosamente num cotidiano controlado e sem grave ameaça.

– Que tipo de ameaça?

– Há perigos de muitos tipos. Refiro-me a tudo que possa atrapalhar a vida de modo significativo. Por exemplo, a perda de um ente querido, de patrimônio, de reputação, de um vínculo afetivo etc.

– O herói enfrentava tudo isso sem se deixar abater?

– Sim. Mas o herói grego era particularmente reconhecido por enfrentar, com coragem, situações em que havia ameaça à própria vida.

– Você relaciona o herói a coragem. O que é exatamente coragem?

– Pois eu devolvo a pergunta. O que você acha que é coragem? Você tem alguma ideia?

– Se eu tivesse que arriscar, diria que o corajoso é aquele que, numa situação de perigo, não se deixa paralisar pelo medo. Como se não pudesse haver coragem sem algum temor.

– Muito bem. É um ótimo começo. A coragem era entendida como uma virtude que permite a vitória da parte da inteligência que decide sobre nossas ações, sobre o medo que estivermos sentindo naquele momento da decisão. Mas, para que esse entendimento sobre coragem fique ainda mais límpido, precisamos ter uma ideia mais clara do que é medo, não acha?

– Concordo. Se usamos medo para saber o que é coragem, precisamos saber do que se trata. Eu sei o que é medo porque sinto medo quase que o tempo todo. Medo de tirar nota baixa. De levar bronca. De não passar de ano. De ter que estudar nas férias. De me machucar. De tomar injeção. Não faltam motivos para o medo. Mas imagino que essa lista de medos não seja suficiente.

– Pois é. Para saber alguma coisa, é preciso conseguir formular uma definição dessa coisa. Que sirva para todos os tipos, situações e casos. Tipo genérica.

– Nesse caso, eu vou logo dizendo que não sei formular uma definição de medo. Mas aí eu é que pergunto:

será que para saber o que uma coisa é, é preciso conseguir defini-la? O fato de saber identificar que estou sentindo medo não basta para saber do que se trata?

– Olha. Você não está sozinho nessa sua inquietação. Pelo contrário. Vai em ótima companhia. Um grande pensador, chamado Agostinho, nas suas *Confissões*, disse algo muito parecido. Ele disse que sabia perfeitamente o que era o tempo. Mas bastava alguém lhe perguntar do que se tratava e aí, pronto, ele já não sabia mais.

– Gostei. Esse Agostinho é dos meus.

– Talvez pudéssemos começar sugerindo que o medo é uma emoção. Uma paixão triste. Desagradável de sentir. Que começa sempre com uma cogitação, imaginação, pensamento a respeito de alguma ocorrência que não se deseja, uma experiência que não se quer viver, que entristece.

– Entendi. Temos medo das coisas que imaginamos. E quando é a realidade, bem na nossa frente, a nos ameaçar?

– Enquanto houver só ameaça, ainda que iminente, só há medo. Mas quando a ameaça se traduzir em efeito do mundo percebido sobre nós, nesse caso passamos a sentir tristeza. Ou, quem sabe, dor. Muita dor. Explicando melhor. Se você apenas supõe que é traído, mas ignora os fatos, teme a traição. Sente medo de ser traído. Quando flagra o adultério de seu cônjuge, constata os fatos e já não pode haver medo ou temor da traição. Ela é real e percebida por você. Agora há tristeza, ante o flagrante e a certeza das coisas do mundo.

– Então definimos o herói pelo modo como enfrenta o medo que sente? Isto é, ainda que imagine coisas tenebrosas que possam lhe suceder, ele não fica paralisado e avança mesmo assim?

– Isso mesmo. Mas não só. Um herói também é resistente à dor, ao sofrimento, ao cansaço, ao abatimento, à frustração. Dizíamos que Ulisses era um herói. Como Hércules, que era conhecido pela sua força. E Aquiles, pela sua invulnerabilidade.

– E Ulisses era conhecido pelo quê?

– Pela sua astúcia. Alguns chamariam de engenhosidade. Ele sempre dava um jeito de se safar em situações particularmente enroscadas.

"Ulisses, como é sabido, resolveu a guerra para seus correligionários graças ao famoso cavalo de madeira que ofereceu de presente aos troianos. Desse modo, soldados gregos escondidos no seu interior ultrapassaram sem esforço as barreiras inimigas e se aproveitaram da desmobilização das tropas troianas para trucidá-las.

"Assim que Troia capitulou, o único desejo de Ulisses era voltar para casa. O mais rápido possível."

Capítulo 4
Maluco Beleza

– Esses dez anos de batalhas tinham sido particularmente tristes para Ulisses. Não só pelas atrocidades do enfrentamento. Mas, sobretudo, porque, antes de a guerra começar, ele estava muito feliz na sua casa. Por isso mesmo, viver longe de tudo que amava não fazia nenhum sentido para ele. Era uma vida que ele não queria viver. Que jamais quis ter vivido.

"Na família, seu primeiro filho, Telêmaco, acabara de nascer. E a convivência com Penélope, sua esposa, era harmoniosa. Mais que isso: amavam-se muito.

"Na cidade, ele era um rei muito querido pelos seus súditos. Governava com inteligência e justiça. Parecia ter sido talhado, sob medida e encomenda, para aquele ofício de governante.

"Em suma, nosso herói estava bem onde estava. Por isso mesmo, a ideia de deixar tudo aquilo, viajar para longe e guerrear contra pessoas que nunca lhe tinham feito nada era muito entristecedora.

"Ele sabia que a ofensa sofrida por Menelau era muito grave. Mas daí a se meter numa guerra contra uma cidade inteira para lavar a honra de um rei com quem mantinha relações meramente diplomáticas era demais."

– Quem é esse tal de Menelau?

– Menelau era rei de Esparta. Uma cidade grega.

– Que ofensa tão grave ele sofreu? Foi isso que deu origem à guerra?

– Olha, como a *Odisseia* é a história do regresso de Ulisses, eu não contei para você o motivo principal da guerra. Digamos, o seu estopim. Mas só para você não ficar completamente no vácuo, vamos, sem rodeios, direto ao ponto. Páris era príncipe de Troia.

– O mesmo nome da capital da França?

– Verdade. Com a sílaba tônica Pá.

"Continuando.

"Páris recebeu de Afrodite, deusa do amor, um talento. Não vem ao caso aqui por que a poderosa deusa lhe deu esse talento. Importa que, graças a essa habilidade superespecial, ele poderia seduzir a mulher que quisesse. Um xaveco divino. Infalível. E o príncipe não deixou por menos. Não se fez de rogado, como diz a sua mãe. Escolheu justamente Helena, a belíssima mulher de Menelau. Esse mesmo que era rei de Esparta."

– E Helena era mesmo tudo isso?

– Se era tudo isso? Ela tinha fama de ser a mais bela mulher do mundo. Acha pouco? Se você imaginar uma mulher deslumbrante, acrescente mais um caminhão de beleza e estará próximo do que era Helena.

– Não deve ter sido fácil para Páris galantear uma mulher desse tipo. Na escola, as meninas que se acham a última bolacha do pacote, mas não chegariam aos pés de Helena, nem consideram os olhares de garotos como eu.

– Aí que você se engana. Com a ajudinha de Afrodite, não foi nada difícil para Páris seduzir a linda rainha. Ela se apaixonou enlouquecidamente pelo rapaz, sem poder resistir àquele sentimento. Afinal, o que poderia ela, uma humana de vida finita, contra uma mandinga de sedução da própria deusa do amor? O golpe foi certeiro e fulminante. Helena largou tudo em Esparta e se mandou para Troia, atrás de Páris.

"Essa foi, resumidamente, a grave ofensa sofrida por Menelau. Viu sua mulher sair correndo atrás de outro sem olhar para trás. Essa manobra bem-sucedida do sedutor troiano deu origem à guerra de Troia. Tudo começou, portanto, com uma traição. E Menelau, o rei traído, não deixaria barato. De jeito nenhum.

"Sem falar que Páris era jovem, apetecível, com jeito de galã e de bom moço, rosto de menino, enquanto Menelau já era homem maduro, com cicatrizes no corpo e na alma, marcado pela vida e pelas agressões do mundo."

– Entendi. Bafão mesmo. Babado pesado. Mas uma coisa não ficou clara. O que Ulisses tinha a ver com isso? Por que ele simplesmente não se recusou a ir?

– Ele não podia. Os reis gregos tinham feito um pacto. Quando algum deles fosse atacado, agredido ou entrasse em guerra contra uma força estrangeira, todos tinham que ser solidários.

– Tipo mexeu com um, mexeu com todos!

– Exatamente. Insisto que Ulisses fez de tudo para ficar de fora. Chegou a fazer-se de louco para solicitar uma dispensa. Quando os enviados de Menelau foram a Ítaca para buscá-lo, ele fingiu estar semeando pedras para comprovar que não estava bem da cabeça.

– Pelo que você está dizendo, Ulisses era um herói tipo malandro!

– Isso mesmo. Mas, nesse episódio, todas as suas tentativas fracassaram. Nada deu certo. Os outros reis gregos se deram conta de suas artimanhas e o obrigaram a combater.

"O que ele não podia saber é que, além das batalhas, o seu retorno de Troia também seria complicadíssimo."

– Mas o que foi que aconteceu?

– Quase todos os problemas enfrentados pelo nosso herói decorreram de uma grande treta com Poseidon, deus dos mares.

– O que é que estava pegando?

– A indignação de Poseidon com Ulisses decorria justamente do fato de nosso herói ter feito uso de um cavalo para enganar seus inimigos.

– E qual é o problema?

– O cavalo é muito especial para Poseidon. Podemos dizer que o animal integra com ele uma única divindade. Poseidon e seu cavalo. Se Ulisses tivesse enganado os troianos oferecendo-lhes outro presente qualquer, talvez Poseidon tivesse deixado para lá. Mas o uso do cavalo como símbolo maior do engano lhe caiu muito mal.

– Mas, por mais que Poseidon estivesse zangado, Ulisses foi o responsável pela vitória dos gregos. Imagino que tenha se convertido num herói mesmo. Aclamado por onde passasse. Eu acho que os gregos fizeram todo o possível para que ele não tivesse maiores problemas e voltasse logo para casa, não?

– Faz sentido o que você diz. Mas Poseidon era um deus muito poderoso. E a desavença com Ulisses não acabou na história do cavalo. Os acontecimentos posteriores não ajudaram em nada a reconciliação. A raiva do deus só aumentava. E ele tinha poderes para amargar a vida do nosso herói sem dar muita satisfação para ninguém.

– Essa história promete. O que terá feito Ulisses de tão grave que acabou por enfurecer ainda mais Poseidon?

Capítulo 5
Desafeto embaçado

– Poseidon ansiava por vingança.

"Era deus de primeiríssima grandeza. Recebera de Zeus o comando dos mares. Lutara fielmente ao seu lado contra os titãs. Conhecia em minúcia o que se passava em seus redutos marinhos. Era muito respeitado e temido. Seu comportamento era imprevisível, colérico e intempestivo. Era tido como o mais misterioso deus do Olimpo.

"Ulisses lhe tinha causado tristeza ao usar o cavalo para enganar o inimigo. Por isso, o temido deus dos mares estava com raiva do nosso herói. Queria devolver-lhe o desagrado. Dificultar como pudesse a sua empreitada. Atrapalhar a satisfação de seus desejos. Perturbar a sua alma. Entristecê-lo de volta.

"Como a única coisa que Ulisses pretendia naquele momento era voltar para casa, Poseidon fez o que estava ao seu alcance para dificultar o regresso. Era o modo mais eficaz de dar o troco.

"Não lhe foi nada difícil infernizar a vida de Ulisses. Afinal, nosso herói morava numa ilha. Contava com embarcações e com a clemência dos mares para todo deslocamento.

"Naquele preciso instante, por exemplo, ele precisava deixar Troia e navegar até Ítaca. Dependia, portanto, da boa vontade de Poseidon para realizar uma viagem tranquila. Ora, você pode imaginar o fuzuê que Poseidon armou para cima das embarcações com destino à ilha de Ítaca.

"Como deus dos mares, Poseidon agiu com o que tinha mais à mão. Logo na partida, agitou as águas com uma tempestade de fazer noite no meio do dia e confundir em negrume o céu e o mar. Provocou ondas enormes que tiraram o navio de Ulisses da sua rota. E tudo isso sem fazer nenhum esforço. Poseidon usava as armas que dominava com absoluta maestria.

"Por causa disso, Ulisses e seus homens navegaram à deriva durante todo o tempo de duração da tormenta. Quando finalmente a chuva passou e o mar se acalmou, eles não tinham a menor ideia de onde se encontravam. Estavam perdidos."

– Isso de não saber para que lado ir é mesmo terrível. Ainda mais no meio do mar. Olhe para onde olhar, é tudo igual.

– Exatamente. Não há referência alguma. A boa direção era uma só em meio a 360 graus de trajetórias possíveis. A probabilidade de estarem indo no caminho errado e se distanciando do destino era imensa. Por isso, todos eles comemoraram muito quando uma ilha desconhecida, meio que do nada, lhes apareceu pela frente.

"Uma ilha como aquela, além de permitir identificar a posição que ocupavam, significava sobretudo a chance de arrumar mantimentos que já começavam a faltar. Em especial, água. Isso mesmo. Água potável. Água boa de beber. Porque é possível morrer de sede cercado de água por todos os lados."

Capítulo 6
Bebedeira prematura

– A primeira terra firme que encontraram após a tempestade foi uma ilha. Em se tratando de Grécia, não é de surpreender. Ulisses decidiu desembarcar para abastecer seu pessoal de água doce e alimentos diversos. Ele, com certeza, não esperava por um começo de viagem tão difícil.

"Nosso herói conservava os olhos bem abertos. Não tinha muita ideia de quem encontraria ali. Seria gente amistosa e acolhedora? Ou inimigos violentos? Os dez anos de guerra lhe ensinaram a não tomar nenhum lugar por seguro sem criteriosa verificação.

"Ulisses tinha razão de desconfiar. Naquela ilha vivia um povo guerreiro. Os Cicones. Que tinham participado da mesma guerra de Troia, mas do lado dos troianos. Foram seus inimigos, portanto."

– Mas que azar! Foram parar justo no lugar onde moram os inimigos!

– Exato. Mas será mesmo que foi azar? Se Poseidon controla absolutamente os mares e queria arruinar o regresso de Ulisses, mandá-lo para onde moram os inimigos não parece mera coincidência, não acha?

– Verdade. Você tem razão. Poseidon sabia direitinho o que estava fazendo.

– Esse episódio é uma espécie de continuação da guerra. Os Cicones são humanos como os gregos. Gente de carne e osso. Não eram fruto da pura imaginação. Naquela ilha não havia nada de sobrenatural. Nem monstros, nem gigantes ou feras colossais. Tratava-se de um enfrentamento entre humanos, simplesmente humanos.

– Não entendi. Quem você esperava que fossem? Extraterrestres? Pelo que você está dizendo, depois desses Cicones, os inimigos vão deixar de ser reais! Serão seres criados pela imaginação dos contadores de história?

– Com certeza. Os Cicones ainda não têm nada de fantástico. São inimigos comuns. Que residem em lugar que consta no mapa. Como veremos, os seres que Ulisses passará a encontrar na sequência vão mudar bastante. Mas, por enquanto, nosso assunto são os Cicones.

"Ulisses deixa as embarcações na praia, sobe com seus homens até a cidade, reencontra os velhos inimigos da guerra e continua a enfrentá-los. Termina por massacrá-los quase todos. Pouparam um tal Maron e sua família."

– E por que justo esse Maron?

– Porque era uma espécie de sacerdote, devoto de Apolo. Não convinha arrumar confusão com um deus tão poderoso numa situação de viagem arriscada como aquela.

"Maron, agradecido, oferece a Ulisses um vinho especial. Saboroso, perfumado, doce e forte, que agradou bastante ao paladar do nosso herói. Depois do massacre e da visita a Maron, Ulisses e seus homens descem para a praia e ali se divertem e descansam, em total relaxamento."

– Vixe. Essa história de relaxar tão perto do inimigo não costuma dar boa coisa.

– Você antecipou muito bem. Alguns Cicones que conseguiram escapar foram buscar ajuda no interior da ilha. Ao regressar, encontraram os gregos em festa, pra lá de Bagdá, desmobilizados e indefesos.

"Conseguem, assim, matar muitos deles. Alguns outros, em desespero, conseguiram entrar nos barcos e fugir. Evadiram-se da ilha do jeito que deu."

– De fato, esse episódio lembra uma guerra tradicional. Como se fosse uma prorrogação da guerra de Troia.

– Isso mesmo. Mas a partir de agora, como dissemos, tudo vai parecer mais fantástico. As histórias se distanciam mais e mais do mundo real. São fruto da pura imaginação.

"Ulisses vai abandonar o mundo da história e da geografia para entrar num mundo imaginário. Do tipo que não depende das percepções dos sentidos para existir. Um mundo para além do físico. Por isso mesmo que alguns o chamam de metafísico."

Capítulo 7
Bananófago

– Como acabamos de ver, Ulisses e alguns de seus homens conseguiram escapar dos Cicones, que estavam sedentos da vingança mais completa possível. Os gregos, já em mar distante, lamentavam as perdas relevantes que tiveram. Mas celebraram o improvável sucesso daquela fuga em condições tão precárias.

"Nesse meio-tempo, Zeus observava tudo. E não parecia nada contente com os episódios posteriores à guerra. De fato. De matança em matança, o caos não acabava. A desmesura tornara-se a regra. E Zeus, o deus do cosmo, o zelador da ordem por excelência, não suportava mais tanta desarmonia.

"Irritado, decidiu tumultuar a vida de Ulisses e dos remanescentes. Mandou outra tempestade. Avassaladora. As velas das embarcações se desintegraram com a força dos ventos. As correntezas conduziram as embarcações para direções opostas. As ondas gigantescas as deixavam por instantes na vertical. Os marinheiros tentaram manter algum rumo com o uso de remos.

"Dias e noites seguidos aqueles homens lutaram contra a natureza em nome da simples sobrevivência. Eis que, já em total desespero, avistaram um outro pedaço de terra. E, mesmo sem ter a menor ideia de onde estavam, celebraram aquilo que lhes parecia um sopro tímido de esperança.

"Desceram em terra firme e, ainda na areia da praia, extenuados, desfaleceram por dois dias e duas noites inteiras. Sem forças, só lhes restava mesmo dormir.

"Também, pudera. Tinham sido dez dias e dez noites à deriva. Os mantimentos minguaram. As embarcações foram sendo destruídas pela tormenta. A luta era sem trégua para permanecer a bordo. Estavam muito próximos de sucumbir. Foi quando mais uma vez divisaram terra firme."

– Podemos identificar onde estavam?

– Você quer dizer localizar no mapa?

– Isso mesmo.

– Não é possível. Você lembra que, até o país dos Cicones, a história se passava em tempos e espaços reais? A sequência, no entanto, nos leva para mundos puramente imaginados. E esses não constam nos mapas. Não são lugares reais. Desses que podem ser visitados. Da mesma forma, os seres que neles habitam são fruto da estrita imaginação.

– Você já tinha explicado. Preciso me concentrar mais. Se nos lugares do mundo real as histórias já eram incríveis, imagino que a partir de agora será mesmo fantástico.

– Não tenha dúvida. A imaginação permite arranjos que realidade nenhuma dá conta de parir. Nela, não custa nada lançar mão de um cavalo, a ele acoplar asas de pássaros e fazer surgir, num piscar de olhos, um cavalo alado.

– Então manda ficha que estou muito curioso.

– Ulisses e seus camaradas tinham desembarcado na terra dos lotófagos.

– Lotófagos?? O que vem a ser isso?

– Essa palavra é mesmo estranha. Vamos dividi-la em duas partes. A primeira é lótus. Trata-se de uma planta. A segunda é fagos, que significa comer. Portanto, um lotófago é apenas um comedor de lótus.

– Por isso antropófago é quem come humanos?

– Exatamente.

– E eu, que como muita banana, seria o quê? Bananófago?

– Acho que você já entendeu. Vamos voltar à história. Os lotófagos eram um povo muito gente fina. Hospitaleiro e gentil. Mas, como acabamos de explicar, eles não se alimentavam de pão, carne, cereais etc., como nós. Eles só comiam a tal da planta que chamavam de lótus.

– E essa planta é como?

– Trata-se de uma flor, na verdade. Ou de um fruto, dependendo da fase da vida.

– Uma flor? Que estranho. Eles só comiam essa flor o tempo todo?

– Acho que comiam mais o fruto. Ainda assim, comer uma coisa só a vida toda não é muito comum. Ainda bem que eram amáveis. A história nos informa que esse fruto lótus é maravilhoso. De sabor estupendo. Mas, não se esqueça, tudo isso é só imaginário. Esse fruto não existe. Não encontraremos a sua descrição num livro de botânica ou num dicionário qualquer.

– Por mais linda que fosse a flor ou maravilhoso o fruto, não acho que isso justifica um episódio da *Odisseia*.

– E não justifica mesmo. É que o mais interessante vem agora. Preste atenção. Aquele que degusta o fruto, e basta uma mordida, perde imediatamente a memória.

– Ahhhhh! Agora, sim, tudo faz sentido. Ulisses no país dos desmemoriados. Aposto que essa é mais uma cilada de Poseidon.

– Pode apostar. Você imagina o desastre. Se Ulisses prova do tal fruto, perde a memória. Sem ela, desaparecem Ítaca, Penélope, Telêmaco. Desaparece a consciência das condições da vida boa, do sentido da vida. Tudo isso dependia da sua memória.

"Ao perder a ciência da sua vida boa, tornar-se-ia impossível atribuir valor negativo à existência daquele instante. Impossível também identificar aquele momento vivido como fora do seu devido lugar.

"Nesse caso, não haveria mesmo nenhuma razão para sair dali. Lugar cheio de gente aprazível, alimentada com delícias e sem problemas aparentes. Sem memória, a vida de Ulisses, em meio aos lotófagos, estaria para sempre comprometida. Distante de seu lugar natural. Do lugar onde a natureza do seu ser estava destinada a viver.

"Fica, portanto, a lição. Aquilo que arruína a vida pode ter aspecto maravilhoso, gosto delicioso e jeito amável e acolhedor. Embora seres de fino trato, os lotófagos representavam para Ulisses a pior das ameaças.

"Ulisses, ao se dar conta dos efeitos do fruto, cai fora o mais rápido que pode. Desta vez, escapou por muito pouco. Ei-lo de volta ao mar. Rumo a Ítaca, de novo. Não poderia saber, naquele momento, que o próximo episódio lhe reservaria riscos muito maiores."

CAPÍTULO 8
GIGANTES ZOIUDOS

– Ciclopes.

"Embora muitos usem a proparoxítona, com a tônica *ci*, o dicionário é definitivo. Ciclope, em português, é palavra paroxítona. A sílaba tônica é *clo*.

"Para quem acompanha as histórias de mitologia, criaturas como essas já apareceram nas narrativas dos mitos desde o surgimento definitivo do cosmos como consequência da guerra que opôs Zeus e seus irmãos aos titãs.

"Os ciclopes eram filhos de Gaia com Urano, portanto, irmãos dos titãs. Mas foram maltratados por eles e presos nas profundezas da terra, num lugar horrível chamado Tártaro. Por isso, se perfilaram ao lado dos sobrinhos.

"Nos dias de hoje, o termo ciclope tem sido usado, em meio aos recursos da inteligência artificial, para designar uma nova ferramenta para compilar dados que permite identificar com clareza a real competitividade de uma empresa.

"Tem a ver com passar a enxergar o que até então era invisível. E clarividência nos devolve à nossa história."

– O que terá a ver essas criaturas que habitam a ilha onde Ulisses acaba de desembarcar com alguma grande capacidade visual?

– Uma característica desses ciclopes saltava aos olhos de qualquer observador. O fato de eles terem um único olho, bem grande, no meio da cara, centralizado. Mas se você imagina que, por terem um olho só, enxergavam mal, tipo 50% de alguém com dois olhos, saiba que é bem o contrário. São conhecidos pela extraordinária acuidade visual de suas percepções de mundo.

– Um grande que permite enxergar muito mais do que os nossos dois pequenos.

– Exatamente. Vale lembrar que os habitantes da ilha explorada por Ulisses eram outros ciclopes. Não os que lutaram na guerra dos deuses. Mas com características semelhantes. Outros indivíduos da mesma espécie. Iguais em tamanho e monoculares. E vorazes devoradores de homens. Sim. Comiam homens crus. E ainda vivos, de preferência.

– Que tamanho tinham esses monstrinhos?

– Difícil dizer. Em algumas narrativas, dizem que são pelo menos três vezes maiores do que um humano. Daí para mais. Acho que poderíamos arredondar para seis metros de altura. E o triplo da largura, também. Enfim, não eram nada pequenos.

– Seis metros de altura?

– Sim. Do tamanho de um edifício de três andares.

– Esses ciclopes, o que são? Deuses? Humanos grandes de um olho só? Animais de outra espécie?

– Difícil dizer. Tais como os lotófagos, não são seres do mundo real. Nem humanos, nem divinos. Não há como classificá-los. São simplesmente imaginários. Embora não fossem propriamente deuses, eram protegidos por eles. Isso, com certeza. Muito mais do que nós. Tanto que, segundo as narrativas, não tinham que trabalhar pelo próprio sustento.

– Talvez não gostassem de maçã!

– Bem, vamos à história. Destaco um detalhe importante. Ulisses e seus companheiros já tinham abastecido as embarcações de tudo que precisavam. Podiam perfeitamente partir. Mas Ulisses, curioso, insistiu em conhecer os habitantes da ilha. Os famosos ciclopes. Por mais arriscada que fosse a iniciativa.

"Eis um traço da personalidade do nosso herói. Uma grande sede de conhecimento. O que nos permite inferir a lição: a vida boa para os mortais não aceita a ignorância, a falta de interesse pelo saber. Nem sempre essa postura é a mais cômoda e confortável. Como no episódio que passamos a apresentar."

Capítulo 9

Azeitonas sem caroço

– Ulisses organizou a expedição pela ilha com mais doze homens. Ao se aproximarem da região habitada da ilha, logo identificaram a morada do chefe. Ali residia Polifemo, não havia dúvida. E, naquele instante, não se encontrava em casa. Com a ousadia de sempre, os doze invadiram o domicílio do ciclope sem pedir licença.

"No seu interior havia do bom e do melhor. As iguarias mais saborosas. Carnes, queijos, leite, mel, frutas, tudo de bom. E em grande quantidade. Ao descrever os ciclopes, Ulisses enfatiza que os deuses de tudo lhes provia. Não careciam de nenhum esforço para alcançar tal prosperidade.

"Os invasores logo pensaram em pilhar o que desse e cair fora dali o mais rápido possível. Mas Ulisses queria mais. Estava determinado a não partir sem conhecer melhor o morador daquele cafofo. Tal obstinação custou a vida de alguns de seus melhores companheiros.

"O sol foi se pondo sem pressa. A temperatura caiu de repente. Para se aquecerem, nosso herói e seus amigos decidiram fazer uma fogueira no interior da residência do ciclope.

"E, como se não bastasse, serviram-se de uns queijinhos para ir abrindo o apetite e passar o tempo. Como havia mel, por que não? Alguns queijos vão muito bem com mel. E alguns embutidos parecem feitos para acompanhar um bom melão. Tudo isso regado a um bom vinho e a noitada estava arranjada.

"Mas Polifemo, como era de se esperar, voltou para casa. E quando entrou, deparou-se com esse espetáculo de deleite e boa gastronomia. Indivíduos desconhecidos tinham feito uma fogueira dentro de sua casa, comido e bebido do que havia e se refestelavam.

"Concorde comigo, seria de tirar qualquer um do sério."

– E não era do tipo que precisava chamar a polícia para acabar com a festa.

– Para os gregos, mandava a boa hospitalidade oferecer de comer e beber aos recém-chegados, mesmo desconhecidos, antes de qualquer interpelação. Desse modo, para os padrões locais de boa conduta, Polifemo não se mostrou um bom anfitrião. Longe disso. Pulou a parte do bom acolhimento sem nenhuma cerimônia. E de modo bem ríspido indagou quem eram, o que estavam a fazer por ali, de onde tinham vindo etc.

"Ulisses, sem responder às perguntas de Polifemo, lembra-lhe do dever de hospitalidade. E sugere, em tom de ameaça, que os deuses não haveriam de se alegrar com aquele modo de receber.

"Polifemo cai em gargalhada aterrorizante. Esclarece que não tem nenhum receio do que possam pensar os deuses de seu comportamento. Que eles, os ciclopes, se garantem por eles mesmos. Que os deuses ali não apitavam nada.

"E, para ilustrar o que queria dizer com aquilo, pegou dois dos companheiros de Ulisses pelas canelas, de ponta-cabeça, e os esmagou contra o chão. Seus miolos se espalharam por toda parte. Em segundos, Polifemo os desmembrou e os engoliu, retirando a carne dos ossos como quem tira uma delicada azeitona sem caroço de um palitinho em aperitivo. E, na sequência, mostrando absoluto destemor, adormeceu ante seus devastados visitantes.

"Ulisses, tomado de culpa e raiva, avançou com sua espada para matar o monstro. Mas se conteve. Isso porque Polifemo havia fechado a entrada da gruta com uma enorme rocha. Se ele o matasse, ficariam presos. Ele e seus companheiros não conseguiriam mover aquela rolha rochosa um milímetro sequer. Só o próprio Polifemo conseguiria reabrir a gruta.

"Aquela noite se anunciava tenebrosa. E o foi. Polifemo despertou antes do alvorecer. E, como desjejum, ele repetiu o procedimento do jantar."

– Como assim?

– Pegou mais dois marujos pelas canelas e os esmagou contra o chão, dilacerando seus crânios.

– Que horror! Polifemo é, de longe, a maior desgraça da *Odisseia*.

– Calma. Não se precipite. Logo após o suculento café da manhã, o monstro deixou a gruta de casa para passear com seus carneiros. E, claro, antes disso, fechou com esmero a entrada com a tal rocha que só mesmo ele podia deslocar.

– Não havia saída para Ulisses e os companheiros que sobraram. Serão devorados um a um. Ou melhor, dois a dois.

– Pois é. Polifemo era gigante, glutão, sempre disposto a um banquete e, como disse, grande apreciador de carne humana.

– E o que aconteceu?

– Ao regressar, Polifemo jantou mais dois dos marujos.

– Já são seis. Aparentemente está deixando Ulisses como a cereja do bolo. A degustação derradeira.

– Pois é. Pensando nos seus interesses, talvez Polifemo tivesse lucrado mais se Ulisses estivesse entre os primeiros devorados. Isso porque estamos falando do homem das mil artimanhas. Para lá de astucioso. Em algum momento ele acabaria pensando em algum estratagema que lhe permitisse virar aquele jogo.

– É melhor que encontre logo esse estratagema. Já são seis mortos.

CAPÍTULO 10
NINGUÉM ME ATACOU

– Pois bem. Enquanto Polifemo jantava, Ulisses pôs em prática o que tinha planejado ao longo do dia. Um plano em três partes.

"Na primeira, ele lança mão de uma estaca de madeira e, tal como um lápis e um apontador, ele afila bem uma das pontas da estaca com sua espada.

"Na segunda parte do plano, enquanto Polifemo jantava, Ulisses lhe ofereceu o vinho maravilhoso que Maron havia lhe dado no país dos Cicones e que ele levara consigo por precaução. O monstro embebedou-se. Bebeu sem medidas. Embriagado, perguntou a Ulisses seu nome.

"E aqui vem a terceira parte do plano. Ulisses respondeu que se chamava ninguém.

"Quando Polifemo relaxou com o vinho, Ulisses lançou mão da estaca, aqueceu-a no fogo o bastante para mudar-lhe a cor e, com o auxílio dos companheiros sobreviventes, enfiou com a força que tinha no olho do monstro, de modo a cegá-lo. O sangue jorrava do olho da criatura como um chafariz da praça central. A cena era de terror.

"O ciclope, agora cego e tomado pela dor e pelo desespero, tampouco conseguia saber onde exatamente se escondiam seus prisioneiros no interior da gruta.

"Os demais ciclopes vieram acudir, alertados pelos gritos de Polifemo. Mas quando lhe perguntaram quem o tinha atacado, Polifemo respondia vociferando repetidas vezes que ninguém o atacara. Sendo assim, seus companheiros voltaram para casa sem entender bem o que tinha se passado.

"Polifemo estava empenhado em não deixar ninguém sair da gruta. Mas não podia ver onde se encontravam seus inimigos.

"Ulisses tinha pensado em tudo. Arrumou cordas e atou cada um de seus homens no ventre dos carneiros de Polifemo. Desse modo, conseguiram se evadir da gruta sem que o monstro se desse conta da fuga. E, uma vez no exterior, correram em desespero em direção à praia para ganhar suas embarcações."

– Finalmente estavam livres daquele terror chamado ciclope.

– Ulisses poderia ter entrado nos barcos e caído fora. Mas sua ira superava a sensatez. E ele pôs-se a gritar: "Quem te cegou não foi ninguém. Foi Ulisses.

O homem das mil artimanhas. E escapamos todos. Nas tuas barbas. Ciclope estúpido".

Não preciso dizer que ele não devia ter revelado a sua identidade. Primeiro porque, ao gritar, deu uma indicação de onde estava, permitindo a Polifemo arremessar um rochedo que por muito pouco não os esmagou. Em segundo, porque agora Polifemo sabia quem o havia agredido.

– Uai. Mas qual o problema de ele saber que foi Ulisses que o cegou?

– Você não vai acreditar no que vou te dizer. Mas o desfecho dessa história foi terrível para as pretensões de Ulisses.

– E por quê?

– Porque o tal Polifemo, cegado pelo nosso herói, era filho de Poseidon. Quando o ciclope gigante começou a gritar de dor, Poseidon imediatamente ouviu os gritos do seu bebê. O monstro rogou ao pai que castigasse Ulisses, seu algoz.

"Poseidon, como era de se esperar, decidiu vingá-lo. Devolveria a dor que seu filho estava sentindo com juros e correção monetária a quem tivesse ousado cometer tal atrocidade.

"Na hora em que Poseidon soube que o algoz do filho era Ulisses, aí o deus dos mares perdeu a cabeça de vez. O mesmo cabra que havia enganado os troianos utilizando um animal sagrado acabava de agredir violentamente o seu filhinho Polifemo.

"Poseidon jurou por todas as forças do cosmos que se vingaria de Ulisses. De qualquer jeito."

– Nossa! Eu não ia querer estar na pele dele. Poseidon estava pistola da vida, com certeza.

CAPÍTULO 11

TODOS OS VENTOS DO MUNDO

– Nem todos os deuses estavam contra Ulisses. A ira de Poseidon despertava apoio de outras divindades ao nosso herói.

– Ah. Quer dizer que havia treta entre os deuses também!

– E como! Por exemplo, o deus do vento, Eolos, decidiu abertamente apoiar Ulisses em seu retorno. Para tanto, deu-lhe de presente um saco cheio de vento. Se você, na escola, ouvir falar em energia eólica, agora já sabe de onde vem o termo. Trata-se de energia oferecida pelo deus Eolos. Ele sopra nas pás daquelas ventoinhas gigantes, pondo-as em movimento e gerando energia.

– Você disse que Eolos deu a Ulisses um saco de vento. Nossa, achei que a tia Herna fosse imbatível no quesito presentes inusitados e inúteis.

– Que tia Herna é essa?

– Ôxi! Não sabe mais quem é a tia Herna? Irmã da tia Tulinha, uai.

– Verdade. São tantas tias. Não sei como você guarda todos esses nomes pitorescos da família da sua mãe. Mas não se iluda quanto ao valor do presente de Eolos.

– Tinha que ser um saco bem fechadinho esse, não? Porque vento escapa que só!

– Hermeticamente fechado. Tenha certeza disso. E, para Ulisses, um saco desses, contendo ventos, era muito útil.

– Já sei. Usado do jeito adequado e no momento certo, nunca lhe faltaria força de propulsão para o deslocamento da sua embarcação. De fato, é um presente inusitado, bem no estilo da tia Herna, mas bastante útil.

– O palpite é bom. Mas não sei se é bem essa a história. O saco continha os ventos que, pela trajetória por onde passavam, poderiam ser prejudiciais a Ulisses.

– Ah. Olha! Quer dizer que, graças ao presente do deus Eolos, Ulisses a partir de agora só encontraria ventos favoráveis?

– Isso mesmo.

– Agora não tem mais erro. É só subir nos barcos e chegar.

– Pois é. Mas as coisas não correram como pretendiam o deus Eolos e Ulisses. O tal saco, entregue com tanta cerimônia ao nosso herói, despertou a curiosidade dos seus companheiros de jornada. Ulisses lhes tinha advertido, enfaticamente, para não mexer naquilo, de jeito nenhum. Mas não adiantou.

"Enquanto ele tirava um cochilo, os abelhudos resolveram bisbilhotar para ver o que tinha dentro. Imaginavam, por certo, tratar-se de algo muito precioso, tipo uma joia, moedas de alto valor ou coisas do gênero.

"Na hora em que abriram o saco, todos os ventos, selecionados por Eolos para não perturbar Ulisses, saíram de dentro, de uma vez só. Você não tem ideia da ventania."

– Eu posso imaginar.

– Não, não pode. Furacões, tufões, tudo junto e misturado. Todos os ventos do mundo. Desencadearam uma tempestade tão violenta que o navio em que se encontravam foi completamente desviado de sua rota, sem nenhum controle por parte daquela tripulação bisbilhoteira.

– Deixa ver se eu entendi... Quando o regresso de Ulisses a Ítaca estava a ponto de finalmente se realizar, eles fizeram essa bobagem desastrosa, desacatando as ordens de Ulisses!

– Isso mesmo. Acredite. Eles já estavam vendo, de longe, as belas praias da ilha de Ítaca. Com os guarda-sóis todos branquinhos. Porque no litoral grego sempre foi assim. Tudo branquinho.

– Menos os turistas, claro.

– Esses não. Sempre bem bronzeados pelo sol que ali não falta. Muitos deles, curiosos, se movimentavam especulando sobre a identidade daqueles visitantes. Tudo indicava o fim de uma longa jornada de regresso, caoticamente perturbada pela sede de vingança de Poseidon.

"Mas o tão esperado regresso não aconteceu. Apesar de já terem praticamente chegado em casa, aqueles marinheiros, que da praia já eram visíveis pelos itaquenses, não conseguiram aportar. Suas embarcações foram empurradas pelos ventos, com extrema violência, durante dias, para muito longe do seu destino. E seus tripulantes não tinham como saber em que direção rumavam."

– Isso é o que podemos chamar de uma burrada mitológica. Eu fico imaginando as pessoas na praia olhando para as embarcações e, do nada, assistindo ao surgimento de vendavais e tornados, com origem aparente nos próprios barcos, seguidos do súbito desaparecimento de toda a caravana.

– Com marujos assim, mais valem dez anos de presentes da tia Herna.

– Pobre da tia Herna. Depois que o tio Orozimbo morreu, ela ficou bem desorientada. Um pouco como Ulisses e seus companheiros após a abertura do saco de Eolos.

– Ulisses ainda tentou fazer uma nova visita a Eolos. Mas este ficou bastante ofendido com o descaso e a falta de cuidado no uso do seu presente. Se Ulisses preferia dormir e deixar tão precioso regalo nas mãos de bisbilhoteiros inconsequentes, pois que fosse catar coquinho e não retornasse nunca mais.

"Depois de seis dias e seis noites navegando à balda, acabaram por encontrar terra firme. E, de novo, tal como ocorrera na ilha dos Ciclopes, sentiram-se mais seguros. Terminariam descobrindo onde estavam. Apesar da profunda frustração que dominava seus espíritos.

"Era um lindo lugar. Com um porto natural maravilhoso. Com água cristalina e vegetação particularmente bela. Tudo estava completamente calmo. Os barcos foram amarrados nessa espécie de baía. Só Ulisses, prudente, parou o seu um pouco distante.

"Três homens foram enviados para ver que surpresa lhes reservava. Lembre-se de que, depois dos Cicones, nada do que é narrado na história existe no mapa ou na realidade.

"Eis que uma bela jovem lhes passa pela frente, indo buscar água potável junto a uma fonte. Tentaram se aproximar sem serem vistos. Tratava-se de uma menina. Muito, muito jovem, mas de tamanho descomunal. Estavam no país dos lestrigões. E aquela era filha do rei, Antifates.

"A menina, que prontamente se dá conta daquelas presenças, propõe gentilmente aos três homens que a acompanhem até a casa de seus pais. Lá chegando, encontraram dois monstros gigantescos. Antifates, sem nenhum aperitivo, oferece a um dos marujos o mesmo tratamento que Polifemo havia inaugurado. Esmagou sua cabeça contra o chão e o devorou em segundos.

"Eram monstros. Comedores de carne humana. A evasão era urgentíssima. Mas o alerta estava dado. Havia carne fresca no pedaço. E da boa. Em segundos, muitos outros gigantes foram surgindo. E todos os lestrigões daquele vilarejo vieram ver de quem se tratava, reivindicando seu quinhão.

"Quando identificaram, lá embaixo, na baía, os barcos daqueles humanos, os gigantes arremessaram os rochedos que tinham por perto, destruindo completamente todas as embarcações. A fuga tornou-se impossível.

"Foi uma carnificina. Todos foram mortos e devorados em questão de segundos. Só a embarcação de Ulisses passou desapercebida e foi poupada. Bem como os companheiros mais próximos que tinham permanecido ao seu lado.

"Nosso herói aproveitou-se de um instante de satisfação e relaxamento dos gigantes, desatou seu barco e vazou de fininho. Com o coração destroçado pela perda de seus amigos. Mas aliviado por ter podido sobreviver. Sentimento híbrido que já se repete ao longo dessas aventuras."

CAPÍTULO 12
PORCOS HUMANOS

– Depois de muito navegar, nova terra à vista. Mais uma ilha. Nova sensação de alívio.

"O problema é que naquele lugar residia a feiticeira Circe."

– A palavra feiticeira não inspira muita tranquilidade. Pelo andar da carruagem, essa tal de Circe vai dificultar ainda mais as coisas para Ulisses, não vai?

– Você não tem ideia do quanto. Mas também, graças a ela, outros males foram evitados.

– E tudo isso ainda é coisa de Poseidon, pode apostar. Nem tanto pela história do cavalo, mas por Polifemo. Furar com uma estaca em brasa o único olho de um filho querido é muito pesado. E um deus como ele, cheio de poderes, não iria deixar por isso mesmo.

– É bem provável que Poseidon esteja mesmo por trás de todos esses infortúnios. Acho que o cochilo de Ulisses, a desobediência dos companheiros e o destino final do grupo, tudo isso tem a ver com a vingança do deus dos mares.

– Poseidon deve ter se deliciado com as imensas dificuldades enfrentadas pelo nosso herói para voltar para casa.

– Circe era uma feiticeira. Filha do deus-sol. Alguns a associam ao amor físico, aos encantamentos e aos sonhos que revelam o futuro. Já outros, às vinganças, às perversidades e às magias do mal. Como veremos, tem um pouco de tudo isso em Circe.

"Logo que desembarcaram, Ulisses enviou alguns de seus companheiros na frente, para que fizessem um reconhecimento do terreno e identificassem eventuais perigos."

– Como a mamãe costuma dizer, gato escaldado tem medo de água fria.

– Exatamente. E ele, de tonto, nunca teve nem uma célula. Após chão e meio de caminhada, tigres, leões e lobos vieram recepcionar seus homens. Deram-lhes boas-vindas. Não houve nenhum ataque, pelo contrário.

"Circe, a dona da casa, chegou em seguida. E o fez em grande estilo. Com toda a fidalguia. Comportou-se como uma anfitriã irretocável. Ofereceu aos visitantes do bom e do melhor. E estes, depois de tantas desventuras, não se fizeram de rogados. Aproveitaram da hospitalidade da feiticeira sem cerimônia nem moderação. Como tinham fome e sede, comeram e beberam como se não houvesse amanhã.

"Até aqui, tudo correu como se estivessem no paraíso."

– Levando em conta os episódios anteriores, desconfio que esteja na hora de as coisas começarem a se complicar.

– Maravilhosa intuição a sua. Foi justamente no instante em que o banquete terminou – com os homens de Ulisses completamente relaxados, empanturrados de comida, bêbados e felizes – que a feiticeira mostrou suas reais intenções. Circe detestava intrusos em sua ilha.

– Eu sabia. Tanta generosidade só podia mesmo estar escondendo mais maldades. Esses companheiros de Ulisses, viu! É isso que dá ir bisbilhotar nas coisas dos outros. Se não tivessem aberto o saco dos ventos, já estariam em casa, em família e matando a saudade. Não posso imaginar que tipo de crueldade lhes tocou dessa vez.

– Pois eu te digo agora mesmo. Circe os transformou em porcos.

– Nossa! Porcos! Assim, do nada? Essa feiticeira não deve ter tido experiências amorosas felizes.

– Não teve mesmo. Circe fora casada com um príncipe. Mas, reza a lenda, não teria apreciado muito a experiência daquele matrimônio. Por isso, decidiu envenenar o marido. O primeiro de muitos homens que a feiticeira puniria.

"Aliás, antes que me esqueça, os outros animais que tinham vindo recebê-los eram também homens enfeitiçados por ela.

"E, para que o feitiço fosse coroado de crueldade, os homens continuavam com sua consciência humana, com suas lembranças, sua capacidade de pensar, seus desejos, sonhos, propósitos etc. Era só mesmo o corpo que, doravante, encontrava-se aprisionado na carne de um suíno."

– Caramba! Estou pensando aqui. Tudo que me passa pela cabeça realizar no futuro exige que disponha de um corpo de humano.

– Daí a crueldade. Espírito de humano e corpo de suíno.

– E agora, o que acontece? E Ulisses? Ele não estava esperando o regresso desses companheiros? Como identificá-los? Em que roubada se meteram!

– Calma. Nem tudo estava perdido. Um dos tripulantes ficara meio de lado. Receoso do que poderia acontecer, não se entregou aos prazeres oferecidos por Circe. De modo que, quando a feiticeira agiu, ele conseguiu se esconder.

"Era Euríloco, o braço direito de Ulisses. O companheiro mais próximo."

– Euríloco!!

– Sim, Euríloco. Com acento no i. Ele havia pressentido o perigo desde o início. Quando se deu conta do que tinha acontecido a seus camaradas, evadiu-se com destreza e voltou correndo para contar ao chefe.

"Você pode imaginar a consternação do grupo que ficara esperando, bem como do próprio Ulisses, ao ouvir o relato do astuto companheiro. Nosso herói sentiu-se muito culpado por aquele infortúnio.

"Eis que, para surpresa geral, Hermes, filho de Zeus, mensageiro do Olimpo e protetor dos viajantes, aparece para ajudá-los.

"O deus mais travesso do Olimpo entregou a Ulisses, por meio de um raio, uma erva que o tornaria imune à magia da deusa feiticeira."

– Não é fácil de entender esses deuses. Poseidon não era do núcleo mais íntimo de Zeus no Olimpo? Companheiros de luta desde a guerra contra os titãs? Porque, então, este enviaria seu filho, Hermes, para ajudar Ulisses, desafeto declarado do deus dos mares?

– Talvez Zeus estivesse começando a achar meio exagerada aquela vingança. Lembre-se de que sua preocupação é a ordem. O cosmos. A harmonia. Suponho que estivesse considerando excessivo o infortúnio imposto a Ulisses. E tem mais. Atena, sua filha, era fã do nosso herói. Não lhe agradaria nada ver Ulisses morto sem conseguir voltar para casa.

"Retomando nossa história, graças à erva trazida por Hermes, a convivência com Circe tornou-se mais segura. A feiticeira nada poderia fazer contra ele.

"Ao cabo de algum tempo, a anfitriã malvada acabou se apaixonando pelo nosso herói. Ocasião excelente para que este lhe pedisse o óbvio: que restituísse a forma humana aos homens que havia enfeitiçado. Relutante, Circe reconverteu os companheiros de Ulisses em marinheiros, sem o que seu regresso seria ainda mais penoso.

"Assim, apesar do início conturbado na ilha, Ulisses acabou desfrutando da amorosa hospitalidade da feiticeira por mais de ano.

"Até que, finalmente, nosso herói houve por bem partir. Circe, sempre apaixonada, advertiu Ulisses a respeito das sirenes e seus cantos.

"'Olho vivo', alertou a feiticeira. 'São perigosíssimas.'"

#Fica a dica.

CAPÍTULO 13

SIRENES DE SEDUÇÃO

– A preocupação de Circe era justificada. O perigo era real. As sirenes não eram de brincadeira.

– O que sei sobre sirenes é que são barulhos mais para irritantes. Servem para pôr em alerta quem as escuta a respeito de alguma emergência. Como da passagem de um carro de polícia ou de uma ambulância.

– Verdade. O nome sirene nos dias de hoje indica esse tipo de som. Mais exatamente, o artefato que emite o som. Mas isso nada tem a ver com as sirenes da *Odisseia*.

"Estamos falando de seres híbridos, com a cabeça humana de uma mulher e o corpo de pássaro. Peço que você gaste alguns segundos para imaginar uma sirene. Pegue a cabeça de uma jovem mulher e, do pescoço para baixo, junte ao corpo de uma ave de tamanho compatível."

– Estou aqui imaginando. E de onde surgiram esses seres?

– Dizem que as sirenes, antes ainda da narrativa da *Odisseia*, eram mulheres completamente humanas. Belas jovens, com uma voz maravilhosa. Extraordinariamente sedutoras. Faziam parte da corte de Perséfone.

– E quem era essa Perséfone?

– Ela era filha de Deméter, deusa da agricultura. Da colheita. Uma deusa muito importante. Filha de Cronos e Reia. Portanto, irmã de Zeus. Da união entre Deméter e Zeus, portanto entre irmão e irmã, nasceu Perséfone. Esta herda da mãe a divindade da agricultura e da vegetação. Era cultuada por isso.

"Perséfone foi raptada por Hades, o deus do submundo, do inferno dos gregos. Para onde iam as almas desencarnadas após a morte de seus corpos. Tornou-se esposa de Hades e converteu-se em rainha desse submundo. Consta que passava uma parte do ano em companhia de seu marido nesse local."

– E o resto do tempo?

– Ela passava com sua mãe Deméter. Alguns especialistas em mitos relacionam essa vida, um pouco lá, um pouco cá, com as estações do ano. Aí estaria a explicação da dimensão cíclica das quatro estações que a cada ano reiniciam a mesma sequência.

– Tal como Perséfone, que sempre voltava, assim também voltam a cada ano as quatro estações.

– Exatamente.

– E ela era cultuada? Digo, em cerimônias religiosas?

– Sim. Com certeza. Os gregos rezavam para Perséfone para terem fartura nas colheitas. O culto a Perséfone era realizado na cidade de Elêusis.

– Nossa! Essas coisas da mitologia podem nos levar longe. A impressão que me dá é que cada detalhe de uma história aponta para muitas outras gavetinhas onde podemos encontrar outras e outras histórias.

– Isso mesmo. Hércules, por exemplo. Em um de seus trabalhos, teve que ir buscar o cachorro de Hades lá no submundo. Por isso encontrou Perséfone, que também estava por lá.

– Bem, mas voltando, você falava das sirenes. Eram belas jovens que tinham uma voz irresistível. E essas jovens estavam sempre orbitando em torno da deusa Perséfone. É isso mesmo?

– Exatamente. Você captou perfeitamente a ideia.

– E como foi que elas acabaram se tornando essas criaturas misturadas, meio aves, meio humanas, que estamos encontrando na *Odisseia*?

– Eu vou te contar. Agora mesmo.

Capítulo 14
Mais forte do que eu

– Antes que você continue, preciso esclarecer uma coisa. É comum o uso da expressão “o canto da sereia”. Essa sirene de que estamos falando nada tem a ver, suponho?

– Tem, sim. Em outros idiomas, e o francês é um deles, a palavra para designar sereia e sirene é a mesma.

– Mas a sereia que eu conheço tem rosto de mulher jovem, mas corpo de peixe, não de ave.

– Na mitologia grega, as sereias não são mulheres-peixes. Nós as imaginamos assim, suponho, por conta da pequena sereia dos contos de Hans Christian Andersen. Claro que havia sereias antes dessa pequena do escritor dinamarquês. Mas a sua obra foi tão impactante que, por causa dela, muitos, como eu, quando ouvem a palavra sereia, já a imaginam meio humana, meio peixe. Mas na mitologia grega a sereia (sirene) é mesmo mulher-ave.

"Aliás, pense comigo. Parece mais lógico, pelo andar da carruagem da nossa história, que sejam mulheres-aves e não peixes."

– Não entendi. Por que você acha isso?

– Vejamos. Em primeiro lugar, as sereias são conhecidas pela voz muito especial, sublime, que atrai os marinheiros para os rochedos onde se encontram. E estes acabam naufragando ao se chocarem com eles. Tanto que esses rochedos são apresentados por Homero como repletos de cadáveres em decomposição.

"Ora, se as sereias fossem peixe, não faria muito sentido pensar em cantos maravilhosos que produzissem efeito tão encantador."

– De fato, peixes não são conhecidos pelo som que emitem. Nunca vi um bacalhau vivo, mas suponho que não emita cantos sedutores.

– Pode apostar que não. Um cação Bruno Mars ou uma tainha Beyoncé. Não faz nenhum sentido. Tanto que essas que são peixes acabam sendo vistas fora d'água, em cima de rochedos, onde possam vender sua arte.

"Para além da questão do canto, lembremos, em segundo lugar, que as sereias (sirenes) são seres particularmente dotados, mas mortais. Diz a nossa história que, quando seu canto não conseguia atrair os marinheiros de passagem, seu destino era o afogamento. Isto é, em caso de fracasso, elas eram jogadas na água, não sei bem por quem, e acabavam morrendo afogadas.

“Ora, você entendeu. Se as sereias fossem peixes, não cantariam, nem, tampouco, se afogariam. Porque peixes são mudos e não morrem afogados. A não ser que estejam muito doentes.”

– Ficou claríssimo. Mas ainda não entendi uma coisa. Por que, tendo sido completamente humanas, acabaram por assumir essa forma híbrida, meio humana, meio ave?

– A explicação de Ovídio é conhecida. Essa metamorfose teria sido uma punição divina.

– Nossa, e o que foi que elas fizeram de tão grave?

– Elas não fizeram nada, justamente. Nada do que deveriam ter feito. Não saíram em defesa de Perséfone quando esta foi sequestrada por Hades. Foram punidas por deslealdade.

“Outros apresentam a história de modo mais doce para as pobres moças.

“Teriam ficado desesperadas com o desaparecimento de Perséfone. E pediram aos deuses um par de asas cada, para poder procurar a amiga pelo mundo inteiro. Os deuses acabaram exagerando na mão e lhes deram corpo de ave, permitindo apenas que o rosto humano fosse conservado.

“No fim, depois de vasculhar em todos os lugares, elas não encontraram a amiga – que não estava no mundo, mas no submundo – e tiveram que continuar aladas.”

– Seja como for, eu já entendi. Essa é a origem das sereias (sirenes). E o que foi que aconteceu com Ulisses?

– Bem, nosso herói queria porque queria ouvir o canto das sereias. Já conhecemos Ulisses de outros carnavais. Era homem curioso e não abria mão de viver experiências extremas. Mas não queria ser atraído pelo canto para os perigosos rochedos. A façanha não parecia nada fácil. Os relatos davam conta de muitos marinheiros mortos naquelas mesmas condições.

– Não é muito fácil de entender. Como é que um mero canto de sereia pode levar à morte marinheiros tão tarimbados? Ainda mais estando cientes dos riscos daqueles rochedos?

– Pois é. Mas o número de vítimas era indesmentível. Por isso, Ulisses, dessa vez, foi superprudente. Solicitou a seus homens que o amarrassem no mastro da embarcação.

"E fez mais.

"Caso ele ordenasse, enquanto estivesse ouvindo o canto, que o desamarrassem para ir ter com as sereias, ordenava desde aquele momento que as amarras fossem reforçadas. De modo que ele não pudesse delas se desvencilhar, de jeito nenhum."

– Mas e quanto aos próprios companheiros de Ulisses? Não se deixariam atrair pelo mesmo canto, já que eles é que estavam pilotando a embarcação?

– Exato. Por isso Ulisses determinou que todos eles introduzissem cera em seus ouvidos. Para não ouvir o canto de jeito nenhum. Essa fora uma sugestão de Circe.

– Entendi. Eles não ouviriam nada. Ulisses ouviria tudo. Quando o canto começasse a ser ouvido, ele seria atraído. Pediria aos companheiros que o soltassem. Seria mais forte do que ele. Nesse caso, eles já se encontravam instruídos a não o soltar de jeito nenhum. Pelo contrário. A atá-lo com mais força ainda. Assim, não cairiam na armadilha das sereias.

– Exatamente.

Capítulo 15
Cada um no seu quadrado

– Tal como previra Circe, Ulisses quase enlouqueceu ao ouvir o tal canto das sereias. Esteve a ponto de se soltar. Mas seus camaradas cumpriram as ordens dadas em momento de lucidez e apertaram ainda mais as ataduras. Pouco a pouco, o canto foi se tornando mais e mais fraco. Até desaparecer por completo, diluído no todo do universo. Esse perigo tinha passado.

– Passaram ilesos por essa. Mas foi graças a Circe que conseguiram vencer tão agradável provação.

– De fato. Circe, apaixonada, protegeu seu amado contra os encantos do canto da sereia. Um sentimento e um pensamento bem conhecidos. Se não pode ficar comigo, também não vai se encantar por elas.

– E a história de que se alguém resistisse ao canto da sereia ela morreria afogada?

– Bem lembrado. Foi exatamente o que aconteceu com as sereias que cantaram enquanto Ulisses passava. Como ele as ouviu e não cedeu ao encanto do canto, elas acabaram tragadas pelo mar com seu corpo meio humano, meio aviário.

"Vencida mais essa prova, Ulisses segue seu regresso. Quer reencontrar os seus. Quer assumir seu posto de governante. Recolocar as coisas em ordem.

"Ele parece obcecado por regressar e inconformado por não conseguir.

"De acordo com o jeito grego de pensar a vida humana, Ulisses, como qualquer outro, só é ele mesmo no seu lugar, em meio aos que lá vivem, ancorado em suas raízes. Todo humano só vive a sua devida vida se a viver no lugar certo, interagindo com as pessoas certas, ocupando as posições sociais certas, compatíveis com a sua natureza."

– De onde veio esse jeito de pensar?

– Da certeza de que Zeus dividiu o universo entre seus correligionários. Deu um pedaço para cada um. O critério dessa distribuição foi a natureza de cada um. De modo que pudessem viver bem no pedaço que lhes coubesse.

E, depois, foi dividindo cada um em pedaços menores. De modo a contemplar todo mundo. Assim, você e eu também teríamos direito a um pedacinho do universo compatível com a nossa natureza.

– Onde fica o seu pedaço, pai?

– Na escola. Na sala de aula. O único lugar compatível com a minha natureza.

– Os gregos pensavam assim também em relação aos outros animais?

– Igualzinho. Tanto que, quando você vai ao zoológico, pode encontrar informações sobre o habitat de cada animal. E as jaulas tentam simular as condições de vida nesse habitat.

"E vou ainda mais longe.

"Pensavam do mesmo modo para tudo. Não só para os seres vivos. Acreditavam que, se a pedra cai, é porque o lugar em que deve existir é o solo, abaixo de onde se encontra. Se a fumaça sobe, é porque o seu lugar é o ar, acima de onde se encontra."

– Mas é diferente. Os seres vivos sentem-se atraídos pelo lugar onde devem viver. E tomam decisões nesse sentido. Isso não acontece com pedras e fumaça.

– Mais ou menos. Os gregos imaginavam que todos os seres buscam o seu lugar, como se estivessem incomodados de estar no lugar errado. A pedra que cai, cai porque não quer ficar em cima. Como se tivesse vontade de ir para baixo.

"Esse jeito de pensar recebeu o nome de animismo. De anima, que quer dizer alma. Como se todos os seres tivessem alma e buscassem encontrar o seu devido lugar."

– Adoro saber como as pessoas pensavam em outros tempos.

– A mitologia é um jeito rico e divertido de buscar esse conhecimento. Vamos continuar porque Ulisses ainda está longe de casa.

CAPÍTULO 16
GELEIA GERAL

– Neste aperitivo de leitura, não podemos esquecer que, em meio a tantas aventuras, Ulisses também andou pelos infernos. Poucos mortais, ainda vivos, tiveram esse "privilégio".

"A narrativa dessa visita é simplesmente fantástica. Teremos a oportunidade de acompanhar juntos quando nos debruçarmos sobre o texto. Lembremos: nada substitui a leitura do texto original."

– O que essa passagem pelo inferno significa? O que a história quer nos contar com essa visita? Tenho a impressão de que tem sempre alguma coisa por trás dos acontecimentos que os justifica.

– Você tem toda a razão. A leitura atenta desse episódio no inferno faz acender várias luzes para um leitor dos nossos tempos.

"Fica claro, por exemplo, que, para os gregos, a morte corresponde à perda da identidade."

– Como assim?

– Cada um de nós tem uma identidade pessoal. Primeiro, aquilo que os outros veem quando nos encontram. Por exemplo, eu sou careca faz tempo. Essa calvície faz parte da minha identidade. Cor dos olhos, estatura, nariz, boca, orelhas, voz, tudo isso ajuda a nos identificar. Tanto que, quando encontramos um conhecido, logo o identificamos.

"Depois, há também um conjunto de coisas, menos de ver, mais de conhecer, que costumamos dizer a nosso respeito para que saibam quem somos.

"Por exemplo: nosso nome, de onde somos, nossa formação, vínculos familiares, onde trabalhamos, nossos entretenimentos favoritos, práticas desportivas, o que gostamos de comprar etc.

"Tudo isso reunido permite ao interlocutor nos identificar com certa facilidade. Saber o que temos de diferente em relação a outros.

"Pois bem, de acordo com o relato de Homero, os mortos parecem perder, quase completamente, a identidade que tinham em vida."

– Mas, então, o que sobra? O que Ulisses encontrou no inferno?

– Pois é. Sobra alguma coisa, com certeza. Porque o inferno é habitado. Mas, diferente do que acontece por aqui, no mundo dos vivos, os seres que andam por lá não são facilmente identificáveis. São um vulto. Um contorno de figura. Uma silhueta. O que continua a existir no inferno, depois da morte, seja lá o que for, é bem difícil de distinguir.

"A morte é, portanto, caracterizada por essa indistinção. Desaparecem, quase por completo, as peculiaridades, as particularidades. Fica tudo meio borrado."

– Suponho que esses seres que vivem no inferno sejam muito parecidos entre eles.

– Isso mesmo. Todos parecem muito iguais. Para identificá-los é preciso prestar muita atenção, chegar muito perto, fazer um grande esforço. Convertem-se em vultos.

– Acho que essa experiência no inferno se aproxima do que acontece com pessoas por aqui portadoras de deficiência visual mais severa.

– Isso mesmo. Imagino que seja parecido. Como se tudo fosse envolto numa bruma. Sabemos que tem alguma coisa ali, mas não conseguimos definir contornos com nitidez.

– São sem nome, sem cara, sem lenço e sem documento.

– Perfeito. É essa a ideia. Todos os que deixam a vida convertem-se em anônimos. Perdem a individualidade. Já não são mais quem eram.

– E como Ulisses se sentiu nesse lugar?

– Esse lugar eles chamavam de Hades. E Ulisses não se sentiu nada bem, como você pode imaginar. Nosso herói foi tomado por uma grande angústia. A contemplação de todos aqueles seres indistintos causou-lhe autêntico terror.

"Outra coisa que lhe chamou muito a atenção é que esses seres emitiam um ruído, sem que se pudesse distinguir voz, tampouco algum significado. Como se grunhissem todos de modo parecido, mas cada qual por si, na total confusão e sem nenhuma orquestração."

– Tem a ver com todo o resto. Não se distingue aquilo que se vê, tampouco o que se ouve. Uma nebulosa, uma gosma, um não sei quê de confusão geral.

– É isso mesmo.

"Você tinha perguntado o que a história queria dizer com isso. Suponho que a conclusão mais imediata é que a vida boa a ser vivida por aqui é totalmente diferente dessa encontrada no Hades. Dentro do possível, o oposto do que acontece ali."

Capítulo 17

Conhecer, lembrar e aceitar o fim

– O que aprendemos com a visita de Ulisses ao inferno?

– Que é preciso viver de acordo com o que se é.

– E o que é preciso para viver de acordo com o que se é?

– É preciso, antes de mais nada, que conheçamos o ser que somos. Por isso, no templo de Apolo, na cidade de Delfos, constava a famosa frase, conselho: conhece-te a ti mesmo.

– E isso basta?

– Não basta. É preciso, uma vez conhecedores de quem somos, identificar no mundo o lugar que nos corresponde. E esse lugar tem de ter muito a ver com o que somos. Se animais com bastante pelo vivem em lugares frios, animais com barbatana em ambientes aquáticos, e animais com asas onde se possa voar, os humanos também devem encontrar o seu lugar em função do que são.

– E a relação com os demais humanos, também há um lugar certo para conviver?

– Claro que sim. Estando no lugar certo, ali encontraremos outros com atributos semelhantes ou complementares. Eis os outros com quem devemos interagir para viver bem.

– Não sei se entendi.

– Tomemos o meu caso. Eu identifico em mim características ligadas a uma vida na escola. Dizem que tenho alguma facilidade para explicar ideias complicadas. Muito bem. Na escola eu devo encontrar pessoas que também apresentam essas características. Que serão meus colegas professores. Com eles, devo interagir em função da nossa semelhança. Trabalharemos em equipe. Colocando nossa natureza semelhante a serviço da educação. Por isso somos todos educadores.

"Há também na escola jovens que ainda estão em vias de se conhecer. Estão se descobrindo. Identificando quem são. São os educandos. Esses são complementares.

"Por isso, a escola é o lugar adequado de encontro e convivência entre seres de natureza propensa a proporcionar ou facilitar o conhecimento de si e dos outros, que, naquela fase da vida, ainda precisam se conhecer para poder viver de acordo com o que são."

– E se você, em vez de viver na escola, vivesse num tribunal, num escritório de despachante ou de contabilidade, num hospital ou num parlamento?

– Ora, estaria vivendo fora de lugar. Estaria submetendo minha natureza a viver num entorno que lhe é inadequado. Quem sabe até hostil. No caso específico, estaria dispondo uma natureza talhada para o ensino a viver longe do ensinar.

"E veja. Se o todo do universo, para funcionar bem, precisa da harmonia entre as partes, o que pressupõe que estas estejam no seu lugar adequado, deduzimos que alguém com natureza talhada para ensinar e que vive sem fazê-lo está a comprometer gravemente a harmonia do todo. Você se dá conta do tamanho da responsabilidade?"

– Quer dizer, nesse caso, não só o universo ficaria capenga porque uma de suas partes, justamente a que corresponde a você, estava fora de lugar, desfalcando o todo da engrenagem, como essa mesma parte, vivendo fora de lugar, viveria uma vida infeliz.

– Isso mesmo. Quando isso acontece, todo mundo perde.

– É o que estava acontecendo ao longo de toda a *Odisseia*, com Ulisses longe de Ítaca?

– Exatamente isso. E não só durante a odisseia que é o retorno. Mas também durante os dez anos da guerra.

– Verdade. Para os gregos, esses vinte anos deviam ser considerados como vida jogada no lixo.

– Os gregos levavam tão a sério essa história de viver no seu devido lugar que a condenação ao exílio era tida como tão grave quanto uma condenação à morte. Um castigo severíssimo. Porque, ao viver errado, em desajuste, longe do seu lugar, o homem deixa de ser quem é. Simplesmente isso.

"Vamos ver agora uma segunda condição para se viver de acordo com o que se é, de acordo com esse jeito grego de pensar. A primeira era conhecer quem somos."

– Isso mesmo. Já ia me esquecendo. E a segunda?

– A memória. As lembranças. A nossa identidade compreende a nossa história. O que já vivemos. As experiências acumuladas. Só assim poderemos viver de acordo com o que somos. Não somos radicalmente outro a cada instante.

"Por isso, tudo que for lembrança funciona como um elo, uma ligação do nosso ser através do tempo. O esquecimento completo a respeito da nossa trajetória é forma gravíssima de aniquilação do nosso ser, de despersonalização. Corresponde a uma morte no interior da vida.

"Aquele que não se lembra em absoluto de como viveu até então é, necessariamente, alguém à deriva e profundamente infeliz."

– Tem uma terceira condição?

– Acho que sim. A aceitação da própria finitude. De que a vida acabará. Mas não se trata de uma aceitação desgarrada do resto. Uma simples constatação repetida com as mesmas palavras em situações convenientes, como enterros e velórios. Nada disso.

"É preciso que a aceitação da finitude participe da vida. É preciso integrá-la ao dia a dia. Considerar com seriedade que a vida pode acabar a qualquer momento. Não basta, eu insisto, repetir que "para morrer basta estar vivo" quando alguém morre de supetão. Não é isso.

"É, de modo sério, levar em conta, a cada situação vivida, que aquela experiência está se produzindo porque você ainda está vivo. Não há que tomar nenhuma repetição por óbvia. Nenhum futuro por favas contadas. Nenhuma ocorrência como evidente.

"Tudo pode acabar agorinha mesmo, e isso não é só lorota."

Capítulo 18
Entre a cruz e a caldeirinha

– No caminho de Ulisses surgiram agora rochas móveis. Que, por não ficarem paradas, representavam extraordinário perigo aos navegantes.

– Rochas móveis? Mas como assim? Elas flutuam? Suas bases não são fixas no solo e submersas?

– Lembre-se de que, depois dos Cicones, tudo na *Odisseia* é só imaginado, fantástico e, portanto, ausente do mundo da geografia no qual pisamos você e eu.

– É verdade. Eu sempre me esqueço disso. Se tudo é imaginado, por que não rochas que mudam de lugar?

– Perfeitamente. E, por serem móveis, acabam provocando colisões com as embarcações, destruindo-as e fazendo-as naufragar.

– Mas, para quem já passou pelas situações horríveis que você descreveu nos episódios anteriores, essas rochas móveis parecem molezinha.

– Você não esperou eu apresentar todos os ingredientes da jornada. Duas criaturas tenebrosas e amedrontadoras se escondem em suas reentrâncias.

– São mais dois monstros desses devoradores de humanos?

– Isso mesmo. Com uma peculiaridade. São monstros femininos.

– Que interessante. É curioso como sempre associei a ideia de um monstro a figuras masculinas.

– Talvez porque monstros fazem pensar em iniciativas cruéis marcadas pela violência física. E a violência física é culturalmente mais vinculada à figura masculina. Ainda que não completamente.

– Mas quem são esses monstros femininos? Estou curioso para conhecê-los.

– O primeiro é Charibde. Nele, a boca se destaca. É um monstro feminino de boca muito avantajada. Vou evitar o termo bocuda porque esse termo também indica quem fala demais. E eu não tenho certeza se esse é o caso de Charibde. Ela tem uma boca capaz de engolir coisas muito grandes, provocando sempre pânico ao seu redor.

– É melhor ficar longe de Charibde para não ser engolido.

– Pois é. Mas ao evitar a bocarra dessa monstrinha que tudo tragava, o segundo monstro feminino já se encontrava à espreita. Era Scylla. Essa tinha um corpo medonho. Na parte superior contava com dez cabeças de cachorro.

– Nossa. Essa Scylla faz lembrar as façanhas de Hércules. Tenho um colega de classe que se chama Silas. Ele vive dizendo que seu nome vem da história de Roma. Dos tempos de República. Vou perguntar se ele conhece essa outra origem, mais antiga, do seu nome.

– Pois é. Quando o marujo escapava da boca de Charibde, terminava surpreendido por Scylla, encontro dez vezes mais perigoso, com suas cabeças caninas prontas para dar cabo do incauto que por ali passasse.

– E com Ulisses, o que aconteceu?

– Aconteceu exatamente o que costumava acontecer a todos que passavam por ali. Escaparam da boca de Charibde e caíram nas garras de Scylla. Seis de seus companheiros mais próximos foram devorados em segundos, em mais uma dessas cenas horripilantes que atravessam toda a *Odisseia*.

– Eu não contei quantos eram e quantos foram morrendo em cada episódio. Mas, depois de tantas perdas, com quantos homens Ulisses ainda conta em sua comitiva?

– Eu também não contei. Mas o adivinho Tirésias, que você conhece de outras histórias, havia previsto. Se Ulisses conseguisse voltar para Ítaca, seria sozinho. Todos os seus companheiros pereceriam no meio do caminho. E Ulisses, nesse momento, já admite que Tirésias, mais uma vez, podia ter razão.

Capítulo 19

Dia de Sol

– A embarcação que restou era mesmo uma só. Os outros eram barcos menores. A imponente frota que deixara Troia se reduzira a meia dúzia de veleirinhos. De dezenas de experimentados marinheiros, só alguns poucos tinham escapado de todos os massacres preparados por Poseidon para se vingar de Ulisses.

"Navegavam agora por mares desconhecidos. Depois de tantas agressões, nada lhes parecia acolhedor. A cada metro d'água vencido, lugares e paisagens se apresentavam. Dessas que só cabem mesmo na criatividade mais aguda de quem gosta de uma boa história.

"Chegaram finalmente a uma ilha. Mais uma. E não qualquer ilha. Ali residia o deus Sol. Hélios. Veja como sempre houve uma ilha do sol. Dos mares da Grécia a São Luís do Maranhão."

– Suponho que, na ilha onde morava o deus Sol, a temperatura não fosse muito amena.

– Nem na Grécia, nem no Maranhão. Onde mora o sol, há sempre calor, praia e... churrasco.

– O que tem a ver o churrasco?

– Eu explico. Na ilha do deus Hélios havia muitos bois. E eram todos muito especiais. Magníficos. Lindíssimos. Mas eram animais sagrados. Do rebanho particular da divindade. E como tudo que há de mais sagrado, não é para ser tocado por qualquer um. Em hipótese alguma.

"O número de cabeças daquele rebanho correspondia exatamente ao número de dias do ano. E, para o deus Sol, aquilo era extremamente importante. Afinal, é por aí que ele controla o seu labor diário.

"É preciso lembrar que, nesse tempo, não era a Terra que girava em torno do Sol. Mas o contrário.

"Hélios era um deus laborioso, rigoroso com o trabalho, ritualista e cioso da tarefa e da responsabilidade que lhe fora confiada por Zeus.

"De segunda a domingo arrancava de um lado do céu, percorria, sempre na mesma velocidade, toda a sua trajetória de luz, para se pôr do lado oposto.

"Esse mesmo deus também era extremamente zeloso e ciumento desses seus bois.

"E, sendo o próprio Sol, ele via tudo. Tudo que podia ser visto. Detinha o quase monopólio da luz. A sua parceira, a deusa Lua, completava o serviço de iluminar o mundo em turnos intercalados.

"Cabia-lhe, portanto, decidir quais, quando e onde as coisas desse mundo seriam vistas ou não. Hélios era um deus que estava sempre de olho. Tinha plena ciência de tudo que se passava.

"Mas não era só ele que se interessava por aquele rebanho.

"Correspondendo aos dias do ano, cada um daqueles bovinos indicava o triunfo de uma certa ordem cósmica. Graças a ela, dia após dia, o sol e o resto dos astros fazem o seu trabalho. Portanto, todas as divindades do Olimpo, parceiras de Zeus e defensoras do Cosmos, tinham especial apreço por aqueles bois."

– Vixe. Eu já estou até imaginando o tamanho da confusão em que Ulisses se meteu.

– Pois é. Você se lembra de Circe, a feiticeira. Quando Ulisses partiu, ela abasteceu a embarcação com mantimentos suficientes para trinta viagens. Mas um problema com os ventos, novamente, impediu que aqueles mantimentos seguissem viagem. Os marujos ficaram sem alimentos. E a fome bateu com força.

"Numa noite em que Ulisses adormeceu mais cedo – olha ele de novo cochilando na hora errada por obra de Poseidon –, seus homens fazem o que jamais poderiam ter feito. Armam uma churrasqueira à moda dos gaúchos, por óbvio sem os requintes da que dispõe o editor Marcial, o melhor assador de todo o mundo carnívoro, e põem para assar o animal praticamente inteiro, um belíssimo bovino daquele rebanho do deus Hélios.

"E como a fome era grande, não viram mal em assar um segundo.

"Os cortes não eram esmerados. Vinha de tudo, junto e misturado. Devorariam carne de primeira e de quinta como glutões vorazes. O aroma da fumaça ia longe. Uma churrascaria com quinhentos clientes simultâneos não exalaria odor mais forte. Foi nesse instante de alegria e saciedade que Ulisses acordou.

"Você entende a gravidade daquele gesto dos companheiros de Ulisses? Não pelos animais em si. Mas pelo que eles simbolizavam. Trata-se de um atentado à ordem estabelecida por Zeus, segundo a qual o deus Sol deve percorrer aquele número certo de vezes o céu a cada ano. Nem mais, nem menos. O churrasco desordenou a ordem. Avacalhou com o Cosmos."

– Portanto, não foi só o deus Hélios que ficou indignado com aquela folga toda. O próprio Zeus deve ter ficado uma fera também.

– E como aqui tudo é imaginação e fantasia, ouça o que vou contar agora. Aqueles animais, em plena assadeira, decapitados e espetados de todos os lados, que obviamente tinham que estar mortos, continuavam vivos e mugindo em desespero para anunciar ao universo o que lhes estava acontecendo.

– A situação de Ulisses e dos comilões só piora.

– Nosso herói, agora desperto e inteirado da situação, ordena a evasão imediata. Era urgente entrar no barco e vazar sem olhar para trás. Mas, àquela altura dos acontecimentos, não tinha mais jeito. O estrago era irremediável.

– A vaca já tinha ido para o brejo, como você gosta de dizer.

– Como era de se esperar, Zeus sentiu-se ultrajado. Supomos que o deus Hélios também tenha lamentado muito aquela agressão contra o seu rebanho.

– E qual dos dois reagiu primeiro?

– Zeus. O criador do Cosmos. Não hesitou em punir Ulisses e seus ultrajantes companheiros no calor da raiva.

– O que ele fez?

– Ora. Não estavam fugindo de barco? Então. Para alegria de Poseidon, que ficou na dele, Zeus fez surgir uma tempestade sem precedentes. A maior de sempre, como dizem em Portugal. As ondas gigantescas e de força descomunal simplesmente destroçaram todos os barcos. Tudo naufraga. Nada mais boia.

– Bem que Tirésias tinha previsto. Se conseguisse voltar, seria sozinho e a nado.

– De fato. Todos os homens de Ulisses estavam mortos. Nenhum barco à vista. Só mesmo o nosso herói ainda vivia. Agarrado a um pedaço de madeira que emergira dos destroços.

“Extenuado, ele vai para onde o acaso das correntes e das marés empurra. E acaba sendo cuspido pelo mar – não haveria de ser diferente desta vez – numa ilha. E, nessa ilha, morava a lindíssima deusa Calipso.”

CAPÍTULO 20

SETE ANOS NO RESORT

– A *Odisseia* já leva três anos. Um pouco mais, um pouco menos.

– Achei que já tinha passado muito mais tempo. Porque, se são dez no total, essa história não vai acabar nunca.

– Pois é. Esse episódio que vou contar tomou, só ele, sete anos do tempo de regresso de Ulisses para casa.

– Sete anos! Mais da metade de toda a jornada.

– Ulisses não tinha como sair dali. Tornara-se, de certo modo, prisioneiro.

– Prisioneiro da linda Calipso?

– Isso mesmo.

– Será que ele estava mesmo empenhado em ir embora?

– Veja. Todo o esforço de Calipso era para que Ulisses se esquecesse de Penélope, de Telêmaco e de Ítaca.

– Mas por quê? O que ela ganharia com isso?

– Eis o que temos que entender para que a história ganhe seus pés e suas cabeças. Como tínhamos dito, Calipso era mesmo lindíssima. Uma deusa. E a sua ilha era maravilhosa. Mais linda do que qualquer outro lugar por onde Ulisses tenha passado em sua *Odisseia*. Junto com Calipso, viviam ninfas. Eram serviçais. Contribuíam para tornar aquele lugar o mais paradisíaco possível.

"E agora vem o mais importante: assim que Calipso encontrou Ulisses, encantou-se pelo herói. Apaixonou-se por ele. Perdidamente."

– Uma linda deusa. Apaixonada. Num lugar paradisíaco. Acho que Ulisses passou sete anos de conforto e prazer. E não estava nem um pouco a fim de voltar para Ítaca.

– É aí que você se engana. Todos os dias, ao longo de sete anos, ele ia para a praia e lamentava a sua sorte. Aos prantos.

– O que é que essa história estava querendo dizer?

– Que, para os gregos, a vida boa não é necessariamente vivida em lugares lindos, maravilhosos, encantadores, aprazíveis, bucólicos ou o que mais de glamoroso puder passar pela cabeça.

– E por que não?

– Pelas razões que já apresentamos. Cada um de nós teria, segundo o modo grego de pensar a vida, um lugar adequado a sua natureza. Por isso, não há lugares que sejam bons para qualquer um. Por mais agradáveis que possam parecer.

– Você, por exemplo, não suportaria mais do que alguns dias na ilha de Calipso.

– Talvez não. Sinto-me bem num lugar onde haja gente precisando de explicações. E Ulisses num lugar onde haja gente precisando de um rei, gestor, organizador, resolvedor de problemas etc. Isso de ficar namorando o tempo todo e comendo frutos do mar com frutas de árvores deliciosas não era, definitivamente, a sua praia.

– E como foi que Ulisses conseguiu sair dali?

– Foi a deusa Atena que intercedeu a seu favor. Pesarosa com a situação do nosso herói, pediu ao pai, Zeus, o mesmo que o levara a estar ali, para que o deixasse partir. Com esse pedido, Zeus enviou seu filho e mensageiro Hermes para mandar Calipso liberar Ulisses.

– E Calipso? Aceitou de boa?

– De jeito nenhum. Ficou revoltada. Blasfemou contra tudo e contra todos. Era louca de pedra por Ulisses. E, por isso, tentou uma última cartada.

– Qual?

– Tentou convencer Ulisses a ficar por sua própria vontade.

– Nossa. Assim, só no charme?

– Não. Ela ofereceu ao herói aquilo que ela entendia como a mais valiosa de todas as propostas.

– Estou muito curioso. Qual seria essa megaproposta?

– Calipso ofereceu a Ulisses a eternidade e a juventude.

– Uai. Isso significa que Ulisses viraria deus?

– Exatamente. Calipso queria fazer de Ulisses um deus. Ele não morreria e não envelheceria. Desse modo, viveria com Calipso por toda a eternidade. Sonho de todo apaixonado, diga-se de passagem.

– E Ulisses?

– Não aceitou.

– Como não?

– Não aceitando, oras.

– Mas por quê?

– Por entender que, sendo mortal, deveria buscar uma vida boa de mortal. Que se porventura ele se tornasse imortal, estaria vivendo uma vida que não era a dele. Uma vida equivocada. E o que é pior, para sempre. Eis a lição. É melhor viver uma vida finita e boa do que uma vida eterna, indevida e, portanto, ruim.

– E a vida boa de mortal que Ulisses achava que era a dele era mesmo em Ítaca, ao lado de Penélope e de Telêmaco.

– Exatamente.

– E o que aconteceu?

– Calipso não teve outra saída senão viabilizar o regresso de Ulisses para Ítaca.

– E isso finalmente aconteceu?

– Sim.

– Ulisses voltou para casa, finalmente?

– Sim.

– Então, aqui acaba a *Odisseia*?

– Ainda não.

– Como não?

– Resta contar como foi a chegada de Ulisses a Ítaca. A recepção que teve e a retomada da vida por lá.

– Houve problemas?

– Claro.

– E por quê?

– Ora. Você passa vinte anos fora, acha que ao regressar vai encontrar tudo como estava?

CAPÍTULO 21
COSER PARA DESCOSER

– Ulisses deixou a ilha de Calipso, para desespero da linda deusa. No meio do caminho, foi vítima de uma nova tempestade.

– Esse Poseidon não desiste nunca!

– Foi salvo de se afogar também por intervenção divina.

– Ainda bem que esses deuses não se entendem entre eles.

– Ei-lo agora no país dos feácios. Foi acolhido de pronto pela linda e adorável Nausica, a filha do rei.

"Sempre ajudado por Atenas, Ulisses chega ao palácio. Para explicar seu paradeiro, nosso herói fez um relatório completo de suas aventuras.

"O rei dos feácios, tomado de compaixão, lhe oferece vários presentes de altíssimo valor. Mas não só. Disponibiliza para o nosso herói um grupo de valorosos marinheiros para conduzi-lo de volta a Ítaca.

"Só para constar, você que tem bronca de Poseidon, por terem ajudado Ulisses, o deus dos mares os transformou em rocha.

"Sempre ajudado por Atena, Ulisses, vinte anos depois, retorna a sua terra natal. Ao seu lugar. De onde, por vontade própria, jamais teria saído.

"Em aparência, já não é mais o mesmo homem. Vinte anos mais velho, e agredido pelo mundo como poucos homens o foram.

"Surge disfarçado de mendigo. Não queria ser reconhecido. Supunha que acabaria encontrando um cenário desfavorável e desagradável. E tinha razão. Queria contar com o trunfo da surpresa para si.

"Os detalhes da sua chegada, teremos a oportunidade de ler juntos. Importa saber que Penélope fora importunada durante a ausência do seu marido por pretendentes que, dando por certa a morte de Ulisses, faziam-lhe a corte. Era a própria coroa de Ítaca que estava em jogo.

"Penélope ganhava tempo como podia. É conhecida a história da sua costura. Para acalmar os vorazes gatunos, anunciou que, quando tivesse terminado, escolheria um entre os pretendentes. Desse modo, ela cosia ao longo de todo o dia na frente de todos. Para tudo desfazer à noite, quando já tinham ido.

"Ulisses revela sua identidade a Telêmaco. E ambos decidem limpar o palácio daquele bando de oportunistas que, dia sim, outro também, importunavam a rainha. Foi uma chacina. Ulisses, com sede de vingança, foi impiedoso com todos eles.

"Era hora da tão sonhada recompensa. Nosso herói reencontra seu amado pai, ainda vivo. E, finalmente, entrega-se a sua esposa amada, Penélope, que o esperara em fidelidade por todo o tempo.

"Eis o nosso resumo. Eis também o que a *Odisseia* pretendia nos ensinar.

"Que o paraíso não é um lindo lugar para todos, mas o lugar adequado à natureza de cada um.

"E, para que ficasse claro por meio de uma fascinante história, Ulisses acabou tendo que passar vinte anos vivendo uma vida que não lhe correspondia.

"E não sossegou enquanto não regressou ao seu lugar, integrando-se, desse modo, em harmonia, ao todo. Todo esse eterno, de que todos nós, sabendo ou não, somos um fragmento, uma parte, um pedaço, um parafuso ou uma porca.

"Que, para um humano, mortal, a vida boa será sempre finita. E que vida eterna é mesmo para os deuses.

"Agora que já sabemos do que se trata a *Odisseia* de Homero, podemos passar à leitura. Pensando bem, acho que exageramos ao chamar o nosso regresso de Vargem Grande uma odisseia. Afinal, a pedra que estilhaçou o vidro não dá nem para o primeiro parágrafo da aventura grega.

"Mas como já é tarde, proponho começarmos amanhã, nesse mesmo horário. Antes de o sono chegar. O que acha?"

– Acho perfeito. Vai ser maravilhoso. Obrigado, pai. Estou muito feliz. Talvez porque seja esse mesmo o meu lugar. Hoje ouvindo a sua história. Amanhã, quem sabe, contando a mesma história para alguém interessado.